U0684592

新时代高校思政育人理论研究与实践探索

刘仁三 / 著

中华工商联合出版社

图书在版编目（CIP）数据

新时代高校思政育人理论研究与实践探索／刘仁三
著. -- 北京：中华工商联合出版社，2021.9
ISBN 978-7-5158-3153-4

Ⅰ.①新… Ⅱ.①刘… Ⅲ.①高等学校-思想政治教
育-教学研究-中国 Ⅳ.①G641

中国版本图书馆 CIP 数据核字（2021）第 199199 号

新时代高校思政育人理论研究与实践探索

作　　者：刘仁三
出 品 人：李　梁
责任编辑：于建廷　王　欢
封面设计：清　清
责任审读：傅德华
责任印制：迈致红
出版发行：中华工商联合出版社有限责任公司
印　　刷：北京虎彩文化传播有限公司
版　　次：2021 年 9 月第 1 版
印　　次：2022 年 1 月第 1 次印刷
开　　本：710mm×1000 mm　1/16
字　　数：230 千字
印　　张：13
书　　号：ISBN 978-7-5158-3153-4
定　　价：78.00 元

服务热线：010-58301130-0（前台）
销售热线：010-58301132（发行部）
　　　　　010-58302977（网络部）
　　　　　010-58302837（馆配部、新媒体部）
　　　　　010-58302813（团购部）
地址邮编：北京市西城区西环广场 A 座
　　　　　19-20 层，100044
http：//www.chgslcbs.cn
投稿热线：010-58302907（总编室）
投稿邮箱：1621239583@qq.com

工商联版图书
版权所有　侵权必究

凡本社图书出现印装质量问题，
请与印务部联系。
联系电话：010-58302915

　　高校思想政治理论课是对大学生进行系统的马克思主义理论教育、社会主义核心价值观教育，引导大学生树立正确的世界观、人生观和价值观的核心课程，是落实立德树人根本任务的主干渠道、关键课程。我们必须清楚地看到，目前有关思想政治理论课教学艺术的研究尚比较薄弱，零散性、碎片化和经验性的成果难以形成教学艺术研究的气候，且系统性、深刻性、针对性不足。在新时期，新的形势和任务对思想政治理论课提出了新挑战和新要求。面对世界范围内各种思想文化交流交融交锋更加频繁、国内社会各种观念意识更加多元多样多变的局面，如何教育引导大学生正确认识世界和中国发展大势，正确认识中国特色和国际局势，正确认识时代责任和历史使命，正确认识远大抱负和脚踏实地，这是思想政治理论课教育教学亟待突破的重点内容，也是思想政治理论课教师必须认真思考和完成的重大而紧迫的课题。这无疑需要进一步推进思想政治理论课综合改革与协同创新，深化教育教学艺术的理论研究与实践探索。

　　高校思想政治理论课是对大学生进行思想政治教育的主渠道，是促使大学生坚定理想信念，树立正确的世界观、人生观和价值观的重要途径，是社会主义高等教育的本质特征。用科学理论武装大学生头脑，是高校培养中国特色社会主义事业合格建设者和可靠接班人的根本性和战略性举措。高校固然是要培养大学生的知识、素质和能力，但最根本的还是要使他们具有坚定正确的政治方向、理想信念和为人民服务的精神。要解决这个问题，必须通过思想政治理论课这个主渠道。马克思曾说："理论只要彻底，就能说服人。"大学生正处于人生成长的关键时期，他们热衷于理性思维，追求真理。从实质来看，大学生不可能不热衷于理论课，不可能不关注最新的时政。随着中国特色社会主义伟大进程不断向前推进，实践也在不断地发生新的变化，因此理论也要有所创新，才能满足时代的需要，才能指导新的实践。

古人云："善歌者，使人继其声。善教者，使人继其志。"教学是一门科学，也是一门艺术。法国文学家福楼拜说过："越往前走，艺术越要科学化，科学也要艺术化。"教学艺术是教师对教育教学规律的探寻，也是教师教学水平和教学魅力的体现。思想政治理论课教师唯有立足于教育教学改革实践，开拓思路，勇于创新，守正笃实，久久为功，方能使自身的教学艺术水平和综合能力素质有较大提升和质的飞跃。

本书是安徽省高校优秀青年人才支持计划重点项目（gxyqZD2019137）、安徽省教学研究重大项目（2018jyxm0395）和安徽工业经济职业技术学院教学研究重点项目（2019YJJY01）的阶段性研究成果之一。《新时代高校思政育人理论研究与实践探索》是在学生获得较为系统、全面、完整的科学理论和学科基础知识的同时而实现学术性知识与体验性知识、理论与实践、课内与课外、校内与校外、显性实践教育与隐性实践教育有机结合的成果。它以社会为场所，强调以学生的经验、社会实际、社会需要为核心，以主题的形式对课程资源进行整合。它要求大学生参与实际活动，引导学生通过对周围生活世界的各种现实性、综合性问题和现象或事件的积极探索与参与，主动获取直接经验，有效地培养学生发现问题、分析问题、解决问题的能力，并将科学理论内化为自身信念与修养。因此，在思想政治理论课教学中开展实践教学对深化教学内容，促进理论内化为学生思想自觉，提高学生综合素质，真正使思想政治理论课贴近生活、贴近社会、贴近大学生，成为深受大学生喜爱的课程的重要手段和途径，具有重要的现实意义。

作　者

2021 年 7 月

目 录

第一章

新时代高校思政育人理论综述

第一节　新时代高校思政育人理论概述

一、思想政治教育

思想政治教育活动自有阶级社会以来就一直存在，它是人类社会实践和阶级斗争的一项重要内容。各种类型的思想政治教育，其差别只是在政治方向、内容和方法上有所不同。从思想政治教育这一概念的演变过程看，政治工作、思想工作、思想政治工作、思想政治教育、政治思想工作这几个概念有着内在的紧密联系，在实际工作中，很多时候它们是被当作同一概念使用的。中国共产党诞生后，在很长一段时间里沿用各种不同的提法，但在不同时期，使用的重点概念有所不同。

学术界对思想政治教育的内涵有着不同的论断。有的观点认为，思想政治教育就是政治思想教育，是为实现人的政治社会化而进行的教育。这里把重点放在政治思想、观念和行为的培养教育上。有的观点认为，思想政治教育主要是进行思想道德教育，促进和加强人的道德修养，培养高尚的道德品质。还有的观点认为，思想政治教育包括思想教育、政治教育、道德教育和心理教育等，内容相对要宽泛。仓道来在《思想政治教育学》中对思想政治教育所下的定义是"是指一定的阶级、政治集团为实现其根本政治目的和经济利益，而对人们进行有意识、有目的、有计划的施加本阶级、本集团思想政治等意识形态方面影响的社会活动"。陈秉公在《思想政治教育学原理》中对思想政治教育所下的定义是"一定阶级或政治集团，为了实现其政治目标和任务而进行的，以政治思想教育为核心与重点的思想、道德和心理综合教育实践"。

把握思想政治教育的内涵就要根据"思想""政治""教育"这三个核心词来分析。《现代汉语词典》中对思想的定义为"客观存在反映在人的意识中经过思维活动而产生的结果"。思想是思维活动的结果，属于理性认识，一般也称之为"观念"。人们的社会存在决定着人们的思想。关于政治的论述是思想政治教育的定义中比较一致的地方。教育区别于工作，思想政治教育是思想政治工作的一个组成部分和主要内容。基于上述认识，本书采用陈万柏、张耀灿在《思想政治教育学原理》中对思想政治教育所下的定义："是指社会或社会群体用一定的思想观念、政治观点、道德规范对其成员施加有目的、有计划、有组织的影响，使他们形成符合一定社会、一定阶级所需要的思想品德的社会实践活动。"

二、高校思想政治教育

思想政治教育是一种教育实践活动。教育是社会按照一定的需要培养合格的社会成员的实践活动。思想政治教育有广义和狭义之分，狭义的思想政治教育专指学校教育。高校思想政治教育是指高等院校按一定的社会要求，有目的、有计划、有组织地培养学生的思想品德、政治素养和心理素质，使他们形成符合一定社会要求的社会实践活动。

高等学校的根本任务是培养德智体美劳全面发展的社会主义事业的建设者和接班人。大学生的思想道德素质、科学文化素质和健康素质如何，直接关系着党和国家的前途命运，关系着中国特色社会主义事业的兴衰成败，关系到全面建设小康社会和中华民族伟大复兴目标的实现。为此，我们必须重视高校思想政治教育，把坚持坚定正确的政治方向放在教学工作首位。

高校对学生的思想政治教育，通常与"德育"有很大的一致性。《中国普通高等学校德育大纲》中写道："德育即思想、政治和品德教育，它体现教育的社会性与阶段性，是学校教育的重要组成部分，它与智育、体育等相互联系，彼此渗透，密切协调，共同育人。高等学校德育对学生健康成长和学校工作具有导向、动力、保证作用，对建设社会主义物质文明和精神文明，促进社会全面进步具有重要意义。高等学校德育的任务，是用马克思列宁主义、毛泽东思想和邓小平建设有中国特色社会主义理论教育学生坚持社会主义方向，树立科学的世界观和正确的人生观，形成良好的道德品质，把学生培养成为有理想、有道德、有文化、有纪律的一代新人。"

高等学校对大学生进行思想政治教育，引导大学生热爱社会主义祖国，拥护党的领导和党的方针政策，确立中国特色社会主义事业的正确政治方向；通过学习马克思列宁主义、毛泽东思想、邓小平理论、"三个代表"重要思想、科学发展观以及习近平新时代中国特色社会主义思想，逐步树立科学的世界观、人生观和价值观；弘扬社会主义道德，学习为人民服务精神，具有艰苦奋斗的精神和强烈的使命感、责任感；自觉遵纪守法，具有良好的道德品质和健康的心理素质。高等学校要把人才培养作为根本任务，要把思想政治教育摆在首要位置，贯穿于教育教学的全过程。教育的根本任务是育人，教育要坚持以学生为本，强调学生在教育当中的主体地位，使思想政治教育成为大学生内在的强烈的需求。这就要求高校把思想政治教育工作做到大学生的心里去，要贴近实际、贴近学生，努力提高思想政治教育的针对性和实效性。

从内涵概括来讲，如今的高校思想政治教育已经完成了由意识形态为主的内涵向以科学性为主的内涵的转变。思想政治教育学科专业建设在高度重视意识形态性质的同时，对本学科的科学性研究正在深入。高校思想政治教育的这种科学性，反映在人类进入阶级社会以来，所有社会的统治阶级总是运用一系列范畴、原则、方法，整合社会、教育民众，开展政治动员，完成社会组织的任务，并且形成了一定的规律。从内涵体系、属性来讲，今天的思想政治教育学科已经完成了由单一的"阶级性"内涵向综合性、实践性、科学性内涵的发展，并进入内容丰富、渐成体系、提高发展、内涵凸现的崭新阶段。

我们可以将高校思想政治教育的专业内涵概括如下：高校思想政治教育是以马克思主义哲学原理、政治经济学原理和科学社会主义原理进行分门别类研究的事实为基础逐步形成的，是对中国化马克思主义理论和实践的科学内涵、精神实质、内在逻辑和实践进行整体性、综合性研究的专业学科。在马克思主义理论一级学科下属的诸个二级学科中，高校思想政治教育是极具运用性的特殊学科。它旨在研究在马克思主义指导下的具有中国特色、中国气派的思想政治教育的基础理论、学科体系和实践总结。它至少包括：研究无产阶级经典作家关于思想政治教育的经典论著、理论基础及其形成和发展，把握思想政治教育的指导思想、理论基础、基本原则的学科体系；研究当代社会思潮与思想政治教育对象的变化，把握思想政治教育理论和实践的科学性；研究思想政治教育的内容和方式，把握思想政治教育的基本原理和方法论。

高校进行思想政治教育，就是要使大学生从整体上学习和认识思想政治教育的基本理论、基本过程，掌握从事思想政治教育实践的基本规律和基本方法，初步运用马克思主义的立场、观点和方法，研究和分析现实社会问题、思想认识问题和社会发展问题，注重基本理论和基础知识的学习与掌握。对大学生的培养，还要注重专门知识和专业理论的学习，同时应注重前沿知识和前沿理论的学习和研究。

至于构成高校思想政治教育的核心内容，则已逐渐形成了一个相对完整的科学体系，目前可概括为五个内容三个层面：①居于最高地位的、任务最艰巨的、在思想政治教育内容体系中起支配作用的"政治教育"；②最经常的、最普遍的、具有认知性特点的"思想教育"；③处于底层、最具基础地位和基本特点的"道德教育""心理教育"和"法纪教育"。其中："政治教育"是信仰性教育，重在灌输、主导和控制；"思想教育"是认知性教育，重在启发、说理和引导；"道德教育"是规范性教育，重在内省、养成和自律;"心理教育"是自励性教育,重在劝导、激励和体验;"法纪教育"是保障性教育,重在强化、自制和他律。

三、高校思想政治教育的主要任务

高校思想政治教育的内容十分广泛,这些内容共同构成了高校思想政治教育的主要任务。

第一,要以理想信念教育为核心,进行正确的世界观、人生观和价值观教育。大学生应树立正确的理想信念,培养高尚的道德情操。人总是要有点精神的,理想信念是人生的精神支柱和动力源泉。高校要积极引导大学生不断追求更高的目标,确立马克思主义的坚定信念;要教育大学生树立在中国共产党领导下走中国特色社会主义道路、实现中华民族伟大复兴的共同理想和坚定信念。世界观是人们对生活在其中的世界以及人与世界的关系的总体看法和根本观点。人生观是世界观的重要组成部分,是人们在实践中形成的对于人生的目的和意义的根本看法,它决定着人们实践活动的目标、人生道路的方向和对待生活的态度。价值观是人们关于什么是价值、怎样评判价值、如何创造价值等问题的根本观点。世界观、人生观和价值观教育对于高校思想政治教育是非常重要和必要的,它符合大学生这个年龄段的认知特点,对于大学生正确看待自己、人生和社会有着至关重要的意义。

第二,要以爱国主义教育为重点,突出弘扬和培育民族精神教育。爱国主义是中华民族的优良传统,是中华民族生生不息、自立于世界民族之林的强大精神动力。"以热爱祖国为荣,以危害祖国为耻",做一个忠诚的爱国者,是对当代大学生的基本要求。中华民族是富有爱国主义光荣传统的伟大民族,在5000多年的历史发展过程中,我们形成了以爱国主义为核心的团结统一、爱好和平、勤劳勇敢、自强不息的伟大民族精神。培育大学生的爱国主义精神,就是要让大学生了解祖国悠久的历史文化和优良传统,了解中国的基本国情,认清祖国的美好未来和自己的社会责任,培养爱国主义情感。爱国主义是一个历史范畴,有着鲜明的时代特点,在社会发展的不同时期、不同阶段有不同的具体内涵,随着时代的发展而不断注入新的内容。高校应通过让大学生了解历史，懂得只有社会主义才能救中国、才能发展中国的真理，积极为社会主义现代化建设做好准备。

第三，要以基本道德规范为基础，进行公民道德教育。大学时期是人生道德意识形成、发展和成熟的重要阶段，在这个时期形成的思想道德观念对大学生一生影响很大。大学生要继承和弘扬中华民族优良道德传统，全面把握社会主义道德建设的核心、原则，自觉恪守公民基本道德规范，努力养成良好的道德品质。教育大学生了解道德及其历史发展，坚持以为人民服务为核心，以集体主义为原则，树立社会主义荣辱观，学习社会公德、职业道德和家庭美德，自觉遵守基本道德规范，努力提高思想道德素质。

第四，要以大学生全面发展为目标，深入进行素质教育。高校应以素质教育为依托，拓展思想政治教育的内容，促进大学生思想道德素质、科学文化素质和身心素质的协调发展。促进大学生全面发展要十分重视大学生的心理健康教育。现代社会的竞争与发展，使大学生的心理问题日益突出，高校要根据大学生心理特点，有针对性地开展心理辅导，提高大学生的心理调适能力。

高校思想政治教育内容包括政治教育、思想教育、道德教育、法治教育和心理教育等内容，是一个相互联系、互相渗透的统一体。高校思想政治教育任务的实现，需要坚持科学性、时代性和规范性的原则。

思想政治教育的科学性是指思想政治教育的开展要符合思想政治教育的规律，它是实现思想政治教育实效性的理论基础。根据思想政治教育的规律开展思想政治教育实践，是其科学性的基本要求，也是解决其低效问题的根本办法。以科学性为基础，充分发挥规范性与合情性教育优势，是增强思想政治教育实效性的重要途径。

思想政治教育的时代性是指思想政治教育内容要把握时代主题，不断拓宽教育领域，从符合时代要求的思想和观念中提炼鲜活的教育资源，不断赋予高校思想政治教育以鲜明的时代特征、时代内容和时代风格。思想政治教育的时代性要求教育内容紧密联系当今时代重大现实问题和大学生的实际，使教育富有生机和活力。

思想政治教育的规范性是指思想政治教育在传统的理论教学和思想教育的同时，还应该以大学生全面发展为目标，注重加强民主法制教育，增强遵纪守法观念。规范性是实现实效性的有效保障，也是思想政治教育目标在思想政治教育对象法治意识和行为规范上的具体体现。

第二节　新时代高校思政育人的目标

高校思想政治教育目标探讨了"高校思想政治教育为了什么"这一学科本源性问题。目标的确立关系着内容的构建和方法的选择，还关系着一项活动是否有效的评估问题，高校思想政治教育目标也不例外。我国高校思想政治教育的目标对应高校思想政治教育的价值，主要指向两个方面，即社会目标和个人目标以及二者的统一性问题。党的十九大报告对我国的高校思想政治教育目标做了更加详细明确的阐述，同时针对当前高校思想政治教育的目标指向问题提出了新要求。

一、高校思想政治教育目标的类型

一般来说，目标是个集合概念，作为集合概念的高校思想政治教育的目标，指的是一个目标系统，这个系统之内的多层级子系统就是等级、大小都不相同的目标类型。从高校思想政治教育的本质、社会功能和历史使命等基本问题看来，在诸多纷纭复杂的目标类型中，较为长期的社会目标和人格塑造目标，是影响其他各类目标的根本目标。科学地设计这两大根本目标，对于高校思想政治教育的成败具有决定性意义。

（一）社会目标、群体目标与个体目标

社会目标、群体目标与个体目标，是依据高校思想政治教育对象的人数多寡而划分出来的目标类型。

1. 社会目标

所谓社会目标，指的是在一个国家内全社会的高校思想政治教育所要达成的目标。任何目标的确立总会有一定的依据，而不是空穴来风。适应和满足当前的社会发展需要，是制定和确立高校思想政治教育目标的根本依据。高校思想政治教育的社会目标一般是远期目标，是需要经过相当长时间持续努力才能实现的高校思想政治教育目标。它贯穿于高校思想政治教育的全过程，反映的是社会发展的客观趋势和长远需要，是高校思想政治教育最终要达到的预期效果。

社会目标具有根本性、全局性和战略性，它对高校思想政治教育和人们的思想行为有着重要的战略指导作用。现代化建设新时期要求我们既要搞好物质文明建设，也要搞好精神文明建设，强调物质文明建设和精神文明建设"两手抓，两手都要硬"。这个高度的社会主义精神文明，就是改革开放40多年来我国高校思想政治教育不断追求的社会目标。

2. 群体目标

人是社会的人，人在社会上主要是以群体的方式存在的，因而，高校思想政治教育的目标也是一个群体目标。群体目标中的群体主要是指具有相同或相似特征的个体所组成的社会团体，顾名思义，群体目标就是高校思想政治教育对这些团体进行教育从而实现的目标。群体是由个体组成的，这些个体往往在某些方面具有相同或相似的特点，如职业相似、收入相近、年龄相仿，或者性格爱好相投，有时候也可能是身体状况、居住地、家庭条件等相同或相似，这些因素会将不同的个体归类成不同的社会群体。这些不同的社会群体，在许多具体方面又有一定的不同。例如，这些社会群体的生存境遇、理想追求、现有社会地位、对社会的价值判断等，这些具体因素的不同必然会使这些不同的社会群体遭遇各不相同的思想道德和政治观念问题，因此，根据所针对的不同群体，明确高校思想政治教育的具体目标十分必要。

一个很鲜明的例子是，我们一直常抓不懈的职业道德教育、官员道德教育、医德医风教育、青少年道德教育、大学生价值观教育、教育工作者师德教育等，要想取得实效，就必须首先进行相应的高校思想政治教育群体目标的科学设计。我们要善于深刻把握自己的优势，有效发挥优势。要看到中华人民共和国成立 70 多年来，尤其是改革开放 40 多年来，我国在多方面取得的巨大成就，制度优势充分彰显，治理效能提升，经济长期向好，物质基础雄厚，人力资源丰厚，市场空间广阔，发展韧性强大，社会大局稳定，继续发展具有多方面优势和条件。虽然发展不平衡、不充分问题仍然突出，创新能力还不能很好地适应高质量发展要求，农业基础还不稳固，城乡区域发展和收入分配差距较大，生态环保任重道远，民生保障存在短板，社会治理还有弱项，但是弱项正是我国创新发展的新空间。因此，党和政府对农民、下岗工人、失业者、残疾人等社会弱势群体的特殊关照，无疑也要辅之以深入人心、温暖人心的思想政治工作。这种思想政治工作的实效性，同样依赖于对不同群体目标的科学设计。

3. 个体目标

个体目标，顾名思义，就是对社会个体成员所要确立的目标，这个个体目标的实现过程，可以大到学校、社会，小到家庭、家人对个体的长期培养教育，最终达到人格目标的实现；这个个体目标也可以锁定在特定时期、特定实际问题上，通过高校思想政治教育的活动达到即时目标，解决实际问题。总之，无论是随处可见，以至于有些相似的人格目标，还是各种各样具体的即时目标，由于它们都属于个体目标的范畴，所以和相对应的社会和群体目标相比，它们无疑具有强烈的个性化特征。因此，在确立个体目标时，要遵循马克思主义哲学科学方法的指导，做到"具体情况具体分析""一把钥匙开一把锁"，将理论和实际紧密结合起来。

世界是普遍联系的，任何事物都具有一定的联系，社会目标、群体目标与个体目标三者之间也具有紧密的联系。关于这一点马克思主义哲学关于人的本质的理论、个人与社会关系的理论都有详细明确的阐述，从马克思主义哲学的论述我们可以得出，社会目标、群体目标和个体目标三者之间是相辅相成、相互转化的辩证统一关系。就社会目标和个体目标而言，个体目标是社会目标的基础，社会目标对个体目标具有指导作用。如果社会目标是个错误的目标，它将引领个体目标走向迷途，个体目标就会迷失方向，即使个体目标是正确的，那么也很难实现；同样，积少成多，集腋成裹，社会目标的实现离不开个体目标的积累。没有一个个具体的个体目标的累积，社会目标必然丧失根基、流于空谈，空泛而没有意义，同样难以实现。如果个体目标和社会目标都没有实现，就意味着高校思想政治教育的失败。社会目标和群体目标、群体目标和个体目标的关系，也大体如此。

因此，要实现高校思想政治教育的最终目标，就要将社会目标、个体目标、群体目标结合起来，正确认识它们之间的联系。只有这样才能摆正方向，正确发挥科学的高校思想政治教育的作用，促进社会的文明和进步。与此同时，要确立相应的群体目标和个体目标，推动各个社会群体文明水平的提高，增强个体教育对象的人格修养和全面发展能力。

（二）人格目标与即时目标

具体说来，人格目标与即时目标其实都属于个体目标的范畴，是根据对个体的高校思想政治教育所着眼问题的性质而做的分类。倘若教育者着眼于受教育者的人格培养、人格塑造，此时的高校思想政治教育目标可称为人格塑造目标或人格目标；倘若教育者着眼于帮助受教育者解决当下面临的实际问题而端正其思想认识、提高其思想水平等，此时的高校思想政治教育目标可称为即时目标。人格目标是高校思想政治教育工作中带有长期性、根本性和终极性的个体目标，即时目标则是高校思想政治教育工作中带有迫切性、经常性和反复性的个体目标。人格目标对于即时目标具有指导性和目的性，即时目标则是实现人格目标的基础和手段。如果说人格目标是结果，无数即时目标的累积就是获得这一结果的必经过程。因此，人格目标和即时目标是相辅相成、不可分离的辩证统一的关系，对其中任何一个目标的忽视，都必然导致高校思想政治教育的失败。我可以设想一下：仅仅埋头于日常琐细思想问题的解决而忘记人格培养的大方向，或者仅仅热衷于高尚人格的说教而不解决具体问题的高校思想政治教育，会是成功的高校思想政治教育吗？

德国的著名教育家赫尔巴特曾经说过，人类的全部教育工作，可以用一个概念来表达：道德。在他看来，道德是人类的最高目的，因而也是教育的最高目的。因此，他认为，道德教育、人格塑造是全部教育的核心；培养具有完美德行的人，塑造人的真善美人格、公正品格和民主思想，是现代教育的最高目的。在中外现代教育史上，道德教育始终被置于中心位置，新中国的教育方针也一直要求受教育者德智体全面发展，成为德才兼备的有用人才。真善美人格的塑造是道德教育的最高目标，也是高校思想政治教育的最高目标。事实上，高校思想政治教育的一切个体目标都要建立在个体的思想品德的基础之上，都要反映个体的思想品德和人格的发展需要。所以，在整个思想教育目标体系中，个体的人格目标（它是社会目标得以完满实现的基础条件）必然处于核心地位；取消个体人格目标的高校思想政治教育，不是真正意义上的高校思想政治教育。

所谓人格，通俗地说，就是人之为人的"资格""格调"，是人之区别于非人的根本特质，例如人的权利、人的尊严、人的理性、人的情操、人的道德感、人的进取心等，都属于人格的范畴。说一个人丧失了人格或人格低下，就是说他失去了人的尊严，或者在人权意识、道德感等方面有所欠缺。中国优秀的传统道德，"要求人做一个有尊严的人、高贵的人、昂首挺立的人。不可过分卑屈，自轻自贱，不可带着奴性贱性。这样的人格自然不会拍马溜须、阿谀逢迎，这样的人格庄重、矜持、尊贵、威严，宁可失之自傲，也不失之自卑"。"富贵不能淫，贫贱不能移，威武不能屈"，两千多年前孟子的这句话之所以成为千古流传的人生箴言，之所以至今仍是中国人的人格目标，不就是因为它真切地反映了中华民族的人格追求吗？

以上所说，大体上属于中国传统伦理学特别强调的"道德人格"范畴。现代西方人格理论认为，人格是自我、本我、超我的统一，是性格、气质、能力的总汇，是社会角色、身份和主体的同构。因此，对于现代人格概念，除了伦理学这一研究角度之外，人们还从心理学、法学、社会学、人类学等学科角度去研究分析，关注人的心理人格、法律人格的健全。心理人格侧重于对人的生存、发展的心理需要和精神活动的描述，强调每个人对个体本质的自我实现；法律人格则把人置于法律关系中去理解，强调个体作为法定的权利义务之行为主体的公民身份。总之，人格概念所描述的是现实的有特色的个体人经由社会化所获得的、具有内在统一性和相对稳定性的特质结构，是人的思想品德、心理状态和社会行为的综合反映。如前所述，个体人格（包括道德人格、心理人格和法律人格等）的提升和完善，是高校思想政治教育一切个体目标的核心。

根据道德成长的一般规律，任何人的人格完善都是独特的渐进过程，不可能一蹴而就。对于处于不同身心发展阶段的人来说，其人格需求是不同的。所以，对人格目标的设计也应当因人、因时、因地制宜，从每个人的思想实际出发，绝不能搞千人一面的"高大全"人格模式。当人格目标太理想化时，就成了遥不可及的天上星星，受教育者会认为"反正我也做不到"，因而干脆放弃追求。当然，人格目标也不可以太现实化而缺乏理想，人们无须努力追求便唾手可得，因而也不会加以珍惜。切实可行的人格目标，应当把理想和现实恰当地统一起来，使受教育者"跳一跳，够得着"，如此不断地提升目标，最终将使受教育者趋于人格完善。

科学设计的人格目标如何才能一步步地实现呢？这就要靠一个个即时目标的累积。人们在日常的生活、学习、工作中，"心想事成""万事如意"的境况几乎是绝无仅有的例外，遭遇困难与挫折却是常态。思想政治工作者的任务就是主动地、热情地关心身处困境的人，为他们创造从思想到物质的条件，帮助他们克服困难，战胜挫折，昂首前进。每一个旨在解决思想和实际问题的即时目标的实现，必定会加强人格目标教育的说服力和诱导力，带来受教育者道德和人格的提升，或者至少为人格提升创造条件。实践表明，人们正是在实现一个个高校思想政治教育之即时目标的过程中，不断地趋近于以至最终实现高校思想政治教育的人格目标，从而促进自身的全面发展和社会进步的。

二、当代中国高校思想政治教育的目标

（一）当代思想政治工作目标的内涵

新时期，思想政治工作面临着一个全新的环境。当今世界正经历百年未有之大变局，新冠肺炎疫情全球大流行使这个大变局加速变化，保护主

义、单边主义抬头，世界经济低迷，全球产业链、供应链因非经济因素而面临冲击，国际经济、科技、文化、安全、政治等格局都在发生深刻调整，世界进入动荡变革期。这意味着，今后一个时期，我们将面对更多逆风逆水的外部环境，必须做好应对一系列新的风险挑战的准备。新兴市场国家（地区）和发展中国家正在加速发展，国际力量对比发生重大变化，经济全球化既深入发展又面临挑战，全球治理体系也面临深度变革。在这种形势下，我们加强和改进思想政治工作，就是为了更好地统一全党全国人民的思想，培养有理想、有道德、有文化、有纪律的社会主义新人，调动广大人民群众的积极性，进行以经济建设为中心的社会主义建设。

这一时期思想政治工作目标的内涵，是依据社会的发展需要和人的发展需求确立的。它以客观条件为依据，受客观条件的制约和检验，是科学的、明确的。

1. 反映了时代要求和中心任务的需要

当代高校思想政治教育工作的最终目标是为社会主义建设事业服务，它紧跟时代步伐，反映了我们党和国家奋斗目标的时代要求，反映了党在新时期的中心任务的需要。我党的最终奋斗目标，最终实现共产主义。马克思主义社会经济学对共产主义制度的阐述和构想是，共产主义社会的实现不是一蹴而就的，它和任何新生事物一样，都要经历一个从萌生、发展、成熟到最后终结的曲折过程，这个过程对于共产主义社会而言，是一个漫长的历史发展过程，它不是一下子就走向成熟的，中间会经历许多历史阶段，每个历史阶段的发展目标不同，因而任务、特征、难易程度和历程等也不同。我国对于共产主义的理解和实践有着鲜明的中国特色，在每一个发展阶段，我国的社会经济、政治、文化的发展水平不同，党和政府会根据这些具体的现实情况的不同，确定每个时期的中心任务。根据目前我国各个方面的发展情况可以明确，我国当前并将在未来的很长时间内处于社会主义初级阶段，这个大前提决定了我国建设社会主义现代化，最终实现共产主义要先踏实走过这个社会主义初级阶段，而不能逾越这个历史阶段。在这个初级阶段，党的十九大综合分析了国际国内形势和我国的发展条件，提出了把我国建设成为富强、民主、文明、和谐、美丽的社会主义现代化强国。为了和社会主义初级阶段的国情相适应，思想政治工作的总体任务和具体任务就要有一个明确的定位，不仅应努力提高人们对社会发展规律的科学认识，激发人们为实现远大理想而奋斗的热情、毅力和斗志，还应围绕现阶段党和国家的中心任务，坚持以习近平新时代中国特色社会主义思想为指导，努力实现中华民族伟大复兴的中国梦，在坚持人民群众是实践的主体、是历史的创造者的基础上，发挥人民群众的能动作用，引导并带领群众抓好"五位一体"的经济建设、政治建设、文化建设、社会建设、生态文明建设，在谋求经济社会发展的同时达到人的精神文化和其他素质（包括道德素质、思想文化素质、心理素质等）的提高，真正起到宣传群众、动员群众、组织群众的作用，使思想政治的最终成果达到从群众中来到群众中去，真正做到帮助群众、依靠群众，引导广大人民群众达成共识，共同投身于建设中国特色社会主义的事业，满足党和国家事业的需要。反之，如果我们不能让群众积极地加入建设队伍中来，不能让群众理解、支持党的政策，把思想政治工作搞成形式主义的说教，甚至说假话、空话、大话，将导致群众产生严重的抵触情绪，不信任党，不理解党领导的事业、不能与党和政府同心同德为共同的事业而奋斗，这就表明我们的工作出了大问题，必须进一步加强与改进。

2. 它反映了工作对象的思想政治品德现状和发展的需要

高校思想政治教育工作最终是为了社会主义建设事业服务的，因此，它的首要目的是提高人们的思想觉悟和认识水平，理论联系实际，把理论用到现实的生活中来，用马克思列宁主义、毛泽东思想、邓小平理论、"三个代表"重要思想、科学发展观、习近平新时代中国特色社会主义思想武装人们的头脑，提高人们的思想道德素质，从而加强人们认识世界、改造世界的能力。

高校思想政治教育工作的展开涉及传播者和工作者两个具体的对象，思想政治工作的实质就是思想政治的授受过程，因此，思想政治工作目标和高校思想政治教育工作对象的客观状况有着密切的联系。工作对象的客观状况具体包括三个方面：一是工作对象自身的思想政治品德现状；二是工作对象的知识结构水平、思想认识、身心发展的实际情况，工作对象思想政治品德的形成、发展和变化规律；三是工作对象把思想政治品德"外化"为实践、知行统一、行为践履的客观状况。在实际工作中，我们必须对工作对象的思想状况做详细考察，既要认识到一些不良的思想行为，如极端个人主义、拜金主义在一定范围内的存在，又要认识到人民群众有高度的自我教育和改造能力，可以通过细致到位的思想政治工作克服这些不良思想倾向的影响。只有这样，才能科学地把握现阶段思想政治工作目标的内涵要求。反之，如果对工作对象的思想实际了解不深、掌握不多，甚至一无所知，对工作对象的思想行为发展趋势不能准确地把握预测，那就好像农民不懂庄稼、医生不懂病人、教师不懂学生一般，就会出现思想政治工作者把工作内容强加于对象，使工作陷入唯心主义泥潭的局面。其实，这种现象在实际工作中并不少见，有些思想政治工作者不仔细研究工作对象客观状况，不以改造工作对象的思想为己任，教育内容体现不出工作对象的个性特征，当然也就实现不了提高工作对象认识水平的目标要求。我们加强和改进思想政治工作，就必须认识到思想政治工作目标反映的这一要求，从而摒弃那种空对空的工作方式。

总之，思想政治工作的目标是依据并顺应社会发展的客观要求提出的，是为完成认识世界和改造世界从而推动社会发展的历史使命提出的，它反映了客观世界发展的本质规律。科学的思想政治工作目标面向客观世界，依赖于客观世界，客观世界规定了思想政治工作目标的内容和性质。思想政治工作目标体现着党和国家的奋斗目标、工作对象的思想状况、历史实践的需要，这些都要受到社会客观条件的制约。我们只有根据目标所反映的客观要求加强和改进思想政治工作，才能紧跟形势，适应需要，体现出时代特色，推动社会发展。

（二）当代政治思想教育目标的内容

1. 政治目标

政治目标是指当代高校思想政治教育在政治素质方面的目标。思想政治工作者首先应引导人们具备基本的政治要求，即用爱国主义思想教育工作对象，使其成为一个忠诚的爱国主义者；其次，应使人们努力学习马克思列宁主义、毛泽东思想和中国特色社会主义理论体系。当前，要以习近平新时代中国特色社会主义思想为指导，确立民族精神支柱，教育人们学会用科学的思想政治观念武装头脑，正确认识人类社会历史发展的客观规律，把握中国特色社会主义奋斗的方向和目标；再次，应帮助人们树立社会主义民主法制观念，使广大人民群众知法、懂法、守法，并学会运用法律武器保护自己的合法权益，维护社会稳定。

2. 思想道德目标

思想政治教育在思想道德方面也有着重要作用。要使人们在继承传统美德的基础上，发扬社会主义道德，树立以为人民服务为核心的、集体主义为原则的道德观，正确处理个人、集体、国家之间的利益关系。当个人利益与集体利益、国家利益发生矛盾时，自觉地以个人利益服从集体利益、国家利益，从而使良好的社会公德、职业道德和家庭美德在全社会得到进一步弘扬。

3. 观念能力目标

思想政治工作者应进一步解放人们的思想，克服旧观念的束缚，帮助人们树立适应社会主义市场经济发展的竞争、自主、平等、创新、开拓等新观念；培养人们的观察能力、分析能力、辨别能力、创新能力等，特别应引导广大人民群众自觉识别抵制封建主义、资本主义腐朽思想、迷信思想的侵蚀，树立科学观念。新时期思想政治工作者还应注意人们的心理健康问题，引导人们增强在激烈竞争的环境中的心理承受力和心理调适能力，使之具备良好的心理品质，培养自尊、自爱、自律、自强的优良品质。我们还应注重工作对象的善恶观念和审美能力的提高，引导人们树立正确、健康的审美观，提高人们辨别美丑、创造美的能力。

三、明确当代高校思想政治教育目标的意义

（一）方向性意义

目标就是方向。高校思想政治教育目标就是培养人们在思想、政治、道德素质上应该达到的高度，明确要培养具有什么样的政治思想和道德素

质的人。高校思想政治教育目标是高校思想政治教育者和受教育者都应努力的方向。对教育者而言,高校思想政治教育目标是实际工作的指标;对受教育者而言,高校思想政治教育目标是思想素质和道德水平所应达到的程度。如果高校思想政治教育工作脱离目标,不仅会造成大量人力、物力、财力的浪费,而且会导致工作结果完全朝背离我们所需要的方向发展,甚至从反面阻碍我们的事业发展,阻碍工作对象思想品德的提高,阻碍全社会良好风气的形成,带来严重的危害和损失。

(二) 推动性意义

明确当代高校思想政治教育目标能够推动高校思想政治教育活动的展开。高校思想政治教育的目标是高校思想政治教育活动开展的预期结果,能让教育主体和教育客体看到教育结果及其价值所在,从而产生为实现这一结果努力的强大动力。在社会实践活动中,人们总是为一定的目标而努力,目标也因此具有激励人们积极开展实践活动的作用。高校思想政治教育目标对于教育者和受教育者都具有激励作用。对教育者而言,目标达成表明其工作有效,因而得到社会的褒奖和肯定,从而继续努力。对于受教育者而言,目标达成意味着其思想素质和道德水平达到社会的要求,其成为社会需要的人,得到社会的认同和接纳,从而更主动地接受高校思想政治教育。因此,在高校思想政治教育活动中,科学、具体和可行的目标可以提高教育者和受教育者两个方面的积极性,发挥他们积极参加高校思想政治教育的主动性。

(三) 检验性意义

效果检验是高校思想政治教育的重要环节。要保证检验的客观性,就必须依赖一个统一的客观标准,这个标准就是高校思想政治教育目标。因为高校思想政治教育目标包含对教育者、受教育者、教育内容等方面的具体要求和规定,反映了党和政府对高校思想政治教育的总体要求,所以,依据高校思想政治教育目标对教育者进行评价更具有客观性和公正性。

(四) 应变性意义

在中国共产党创立初期,需要大力宣传马克思列宁主义,对工人、农民等人民群众进行启蒙教育，于是就开办工人夜校、农民夜校、工人俱乐部以及出版马列主义刊物等；到了抗日战争时期，思想政治工作目标产生了变化，要求彻底清算王明路线、统一全党全军思想，于是进行了整风运动，我党树立了理论联系实际、密切联系群众、批评与自我批评三大优良作风，思想政治工作理论和实践都有了一个很大的发展。目前我国正处于改革开放深入发展和实现中华民族伟大复兴的关键时期，亟待思想政治工作来保证中国特色社会主义事业顺利进行。

我们以目标为导向，紧紧围绕目标的时代要求，根据目标来改进教育内容、教育形式、教育方法，就可以实现现阶段思想政治工作对时代形势的高度应变性，抓住机遇，创造良好的精神条件和思想文化氛围，真正承担起保证中国特色社会主义建设事业顺利进行的重任。

（五）有效性意义

思想政治工作的实现程度检验着思想政治工作的有效和无效。通过检查思想政治工作的结果是否与预期的目标方向相一致，我们可以判断工作是有效或无效的。如果工作结果偏离了预期目标的方向，甚至与目标背道而驰，工作对象的思想包袱就会更加沉重；目标需要我们引导工作对象的积极性和创造性，可经过工作以后对象反而更加消沉，甚至对工作根本失去信心了，那样的工作就是无效，甚至是负效的，反而耗费了时间和精力，或者引起了工作对象的反感，产生了副作用、反作用。所以，我们要改进思想政治工作方法，提高工作的有效性，首先就要彻底摒弃这种无效、有害的工作方式。

第三节　新时代高校思政育人的意义

高校思想政治教育是我国高等教育人才培养工作中的重要组成部分，关系着我国人才的综合素质及思想政治基础。加强高校思想政治教育，促进大学生全面和谐发展，对培养德智体美劳全面发展的社会主义合格建设者和可靠接班人，以及大学生健康成长具有重要意义。

一、高校思想政治教育是我党思想政治教育的重要组成部分

（一）党和国家领导人对思想政治教育工作非常重视

中国共产党是在科学的马克思列宁主义的指导下建立起来的。人类先进的、科学的社会主义意识是不可能自发产生的，必须通过系统的学习教育才能把握。无产阶级政党应该有计划地向人们传授社会主义知识，以革命的、科学的意识形态占领思想阵地，武装人们的头脑，使之树立正确的世界观。我们必须坚持以马克思列宁主义为指导思想，加强思想政治教育工作，使马克思列宁主义深入人心、代代相传。

进行思想政治教育，对于中国这样一个社会主义大国十分必要，正因为中国共产党重视这一工作，中国革命和社会主义建设的各项工作才得以顺利进行。在曲折的革命过程中，中国共产党不断将马克思主义基本原理与中国革命的具体实践相结合，用科学的马列主义、毛泽东思想教育党员、启蒙民众，确保了革命队伍的先进性，最终赢得了中国革命的胜利。中国共产党一成立，就十分注重对工人和农民进行思想政治教育，更重视对党员和干部的思想教育，毛泽东提出："掌握思想领导是掌握一切领导的第一位。"中华人民共和国成立后，尤其是社会主义改造完成后，中国共产党更加重视思想政治教育工作，大力进行马克思主义理论教育和社会主义教育。

党和国家的领导人都十分重视思想政治教育工作，始终强调用最新的马克思主义理论成果教育全国人民。邓小平对思想政治教育在社会主义建设中的作用认识非常深刻："过去我们党无论怎样弱小，无论遇到什么困难，一直有强大的战斗力，因为我们有马克思主义和共产主义的信念。有了共同的理想，也就有了铁的纪律。无论过去、现在和将来，这都是我们的真正优势。"改革实践表明，要在保持社会政治稳定的前提下深化改革，加快发展，就一刻也不能离开思想政治教育工作，而且必须将党的思想政

治工作同经济工作和其他业务工作紧密结合起来，积极主动地为中心和大局服务。只有抓住思想政治工作这条生命线，各项工作才能显出勃勃生机。习近平总书记指出，"意识形态工作是党的一项极端重要的工作"，并反复强调要进一步明确意识形态工作在党和国家全局工作中的重要地位和作用。

（二）党和国家领导人对高校思想政治教育非常重视

我们党的领导人都非常重视思想政治教育，毛泽东把人的全面发展概括为德育、智育、体育三个方面，强调这三个方面互相促进，缺一不可，同时他十分明确地要求把德育摆在学校一切工作的首位。毛泽东强调："我们的教育方针，应该使受教育者在德育、智育、体育几方面都得到发展，成为有社会主义觉悟的有文化的劳动者。"

党的十一届三中全会确立了改革开放的方针政策和解放思想、实事求是的思想路线。以邓小平同志为核心的党的第二代中央领导集体对"什么是社会主义，怎样建设社会主义"进行了卓有成效的探索和思考，使大学生对社会主义有了更深层次的体会，进而充分认识到马克思主义的科学性，自觉地坚持马克思主义思想的指导，坚定社会主义现代化信心。邓小平提出了人的全面发展的"四有"要求，即有理想、有道德、有文化、有纪律。他强调指出，无论是学校教育还是社会教育都要以"四有"为标准。这也为我国高校规定了明确的培养目标。

在新时期，习近平总书记紧扣时代精神，强化思想引领，提出了"两个巩固"，即宣传思想工作就是要巩固马克思主义在意识形态领域的指导地位，巩固全党全国人民团结奋斗的共同思想基础。并强调要着力增强高校思想政治教育的针对性和实效性，把社会主义核心价值观融入高等教育全过程，培养德智体美劳全面发展的社会主义建设者和接班人。这是我国高校思想政治教育发展进程中的又一里程碑。教育的根本任务是立德树人，青年大学生正处于价值观形成和确立的关键时期，抓好这一时期的价值观养成和培育十分重要。我们要通过入脑入心的思想政治教育，将中国梦作为青年大学生的共同时代理想，将社会主义核心价值观作为青年大学生的价值取向标准，引导他们从中华民族传统文化瑰宝中汲取丰富营养。

大学生是我国教育制度培养的高层次人才，将责无旁贷地承担起建设中国特色社会主义和实现中华民族伟大复兴的历史重任。要使大学生成长为中国特色社会主义事业的合格建设者和可靠接班人，不仅要大力提高他们的科学文化素质，更要大力提高他们的思想政治素质。只有真正把思想政治教育工作做好了，才能确保党和人民的事业代代相传，确保国家长治久安。

二、高校思想政治教育是社会主义现代化建设的必然要求

社会主义现代化的进程在很大限度上取决于国民素质的提高和人才资源的开发。加强和改进高校思想政治教育工作是实现社会主义现代化建设的必然要求。

(一) 人才是建设中国特色社会主义事业的保障

当今时代，知识经济方兴未艾，科技竞争日趋激烈，人才在社会发展中的作用越来越重要。人才已成为国家经济社会发展的第一资源。在知识经济时代，知识将成为占主导地位的重要资源和生产要素，知识对经济的发展比以往任何时候都具有更大的推动作用。掌握知识的人才必然成为一种重要资源。人才作为先进生产力和先进文化的重要创造者，是生产力中最活跃的因素。只有重视人才资源这个经济社会发展的第一资源，才能更好地推动经济社会发展。当今世界，国家之间的竞争从根本上说是人才的竞争。立足我国基本国情，要实现跨越式发展，必须走人才强国之路。只有这样，才能缓解自然资源过度消耗的压力，发挥我国人力资源丰富的优势，为中国特色社会主义事业提供强有力的人才保证。青年人才是人才资源中的重要组成部分，代表未来人才发展的方向。我们要大力培育和开发青年人才，将他们不断充实到我国人才队伍中，为建设中国特色社会主义事业提供人才保障。

改革开放以来，我们党在高度关注经济建设的同时，更加高度关注人的发展，关注人的思想道德素质和科学文化素质、心理素质的全面提升。

我国正处在改革发展的关键阶段，全面建设小康社会，实现中华民族伟大复兴，需要大批高素质人才。《国家中长期人才发展规划纲要（2010—2020年）》提出："全面建设小康社会，实现中华民族伟大复兴，必须大力提高国民素质，在继续发挥我国人力资源优势的同时，加快形成我国人才竞争比较优势，逐步实现由人力资源大国向人才强国的转变。"《中华人民共和国国民经济和社会发展第十四个五年规划和2035年远景目标纲要》提出："激发人才创新活力。贯彻尊重劳动、尊重知识、尊重人才、尊重创造方针，深化人才发展体制机制改革，全方位培养、引进、用好人才，造就更多国际一流的科技领军人才和创新团队，培养具有国际竞争力的青年科技人才后备军。"人才是实现社会发展的重要动力，是提升我国核心竞争力和综合国力的关键力量。人才问题是关系党和国家事业发展的关键问题，高素质人才在党和国家工作全局中具有重要的地位。

（二）高校是培育高素质人才的重要基地

高等学校是培养高等人才和高素质劳动者的地方，是科技创新的源泉。青年人才队伍的发展壮大为中国特色社会主义事业提供了源源不断的人才动力。大学生是我国青年人才队伍的重要组成部分，是高素质人才的重要力量。中国特色社会主义建设的合格人才是有理想、有道德、有文化、有纪律，面向世界、面向未来、面向现代化的人才，因而除了给学生以知识教育外，还必须对学生进行思想政治教育。在大学生的成长过程中，思想政治教育对其健康成长成才起着主导性作用。思想政治教育是启迪人的思想、塑造人的灵魂的工作，是保证人才良好思想道德素质的有效途径。让大学生认识并深刻理解自己肩负的实现中华民族伟大复兴的历史使命，对于确保全面建成小康社会，开启全面建设社会主义现代化国家新征程和实现中华民族的伟大复兴，具有重大而深远的战略意义。

思想政治教育能促使大学生精神需求的满足和精神生活质量的不断提升、思想道德素质和科学文化素质的不断提高，实现大学生的全面发展。高校思想政治教育工作就是用建设中国特色社会主义理论武装学生头脑，用爱国主义、集体主义、社会主义的精神培养大学生，使之具有民族自豪感和时代使命感。只有切实加强和改进高校思想政治教育工作，才能培养造就千千万万具有高尚思想品质和良好道德修养、掌握现代化建设需要的丰富知识和扎实本领的优秀人才，使大学生能够认识到自己所肩负的历史使命，并能够把它内化为自己的内心信念，成为为祖国的现代化事业奋斗的不断动力。

三、高校思想政治教育是大学生健康成长成才的内在需求

（一）高校思想政治教育是大学生健康成长的内在需要

改革开放以来，我国社会主义现代化建设事业取得了举世瞩目的巨大成就，但也面临着不少发展问题，并不同程度地影响着大学生的思想状况。社会主义市场经济是同社会主义基本制度结合在一起的，是同社会主义精神文明结合在一起的，它要体现社会主义基本制度的要求，充分发挥社会主义的优越性。实践证明，发展社会主义市场经济有利于解放和发展社会主义社会的生产力，增强社会主义国家的综合国力，提高人民的生活水平，也有利于增强人们的自立意识、竞争意识、效率意识、民主法治意识和开拓创新意识，调动人们的积极性和创造性，推动社会的道德进步。但我们也要看到市场自身的弱点和消极方面，如趋利性、自发性等，这些因素也会反映到道德生活中来，反映到人与人的关系中，容易诱发拜金主义、享乐主义、极端个人主义等消极现象，这些因素都会干扰社会主义的道德建设，阻碍社会主义市场经济的健康发展。

国家大力发展高等教育，全国普通高校大学生招收数量成倍增长，但这种量的快速增长也带来了一些问题。当前，大学生的就业问题比较突出，学生把专业课学习以及将来的就业看作重要的目标，弱化了对思想政治教育的重视。学生数量的快速增长和专业设置以及教学改革不能很好地随着时代的要求而变化，直接影响着在校学生的思想情绪。同时，高校学生数量的增多加大了高校思想政治教育的工作任务，负责思想政治教育工作的人员相对较少，以致难以将工作做细。目前高校思想政治教育工作的主要任务是通过思想政治教育工作，改变大学生对就业期望值过高的思

想，使大学生踏踏实实地安心学习，积极参与各种活动，提高自身的理论素质和专业知识。

（二）高校思想政治教育是大学生成才的内在需要

大学生处在获取知识、发展智力的最佳时期，也是他们思想觉悟、道德情感发展最积极的时期。在大学生成长成才的关键时期，必须有健康的思想、高尚的精神、良好的情操和在此基础上形成的克服种种困难的毅力等。这一切都有赖于高校思想政治教育。通过思想政治教育能帮助大学生形成正确的世界观、人生观和价值观。思想政治教育可以使大学生正确处理德与才的关系，自觉坚持加强思想道德素质修养与学习科学文化知识的统一，把思想道德素质修养与学习科学文化知识结合起来，进而促进综合素质的全面提高。

通过思想政治教育能促进大学生早日确立成才目标。个人发展应该与社会进步相一致，正确的成才目标应该符合所处时代的条件，尊重社会发展规律，顺应时代潮流。思想政治教育工作者应当帮助大学生正确认识自身肩负的责任和使命，促进大学生立志成才。大学生有了方向和要求，就有了对自己的明确要求，就能集中时间和精力学习、提高和发展自己。选择正确的成才目标对大学生成才具有举足轻重的作用，因此大学生成才目标的选择一定要坚持服务社会、奉献祖国和人民的正确方向。识别人才要坚持德才兼备原则，品德、知识、能力和业绩是衡量人才的主要标准，所以，正确的成才目标应该定位在符合德才兼备的要求之上。通过政治教育能帮助大学生用科学理论武装头脑，引导大学生树立正确的世界观、人生观、价值观、道德观及成才观，培养大学生的爱国情怀和优良道德品质。通过政治教育能帮助大学生正确的目标，把个人的选择建立在社会需求的基础上，把个人的才智、兴趣充分地发挥在崇高远大的目标上，从而实现自己的价值，并为国家民族创造出更多价值。大学生思想道德素质、科学文化素养和身心素质如何，直接关系着我国人才强国战略的落实，关系着党和国家现代化建设事业的成败。

当今时代给大学生提供了一个广阔的成才空间，在通往成才的道路上，大学生应该有目标始终如一、不畏艰苦、勇于拼搏的实践行动。崇高的目标可鼓舞和引导大学生不断追求新知识，最大限度地开发内在潜力。通过思想政治教育能帮助大学生学习掌握马克思主义的科学理论，使他们懂得把自身的学习同国家、民族的前途和命运紧密相连，始终以国家富强、民族复兴、人民幸福为己任，在成才之路上不懈奋斗。

第四节　新时代高校思政育人的特征与规律

一、大学生思想政治教育的基本特征

高校思想政治教育的目的就是使大学生树立正确的世界观、人生观和价值观，成为有理想、有道德、有文化、有纪律的一代新人。高校思想政治教育具有时代性、民族性和综合性的特征。

（一）高校思想政治教育的时代性特征

高校思想政治教育要紧跟社会发展要求，具有鲜明的时代性特点。这一特点主要体现在高校思想政治教育的内容上。高校思想政治教育内容包括当前党的路线、方针、政策等这些现实的教育内容，以及这些内容的理论来源和现实依据，从而构成一个具有内在联系的系统。我国高校的思想政治理论教育内容必然包括学习马克思列宁主义、毛泽东思想、邓小平理论、"三个代表"重要思想、科学发展观以及习近平新时代中国特色社会主义思想等内容。这些内容紧密联系当今理论发展方向，对大学生的理想信念教育、爱国主义教育、人生观教育、道德理论教育等具有现实意义。思想政治教育只有融入新时代的理论内容，才具有生命力，才更容易被大学生掌握。时代性特征体现在思想政治教育内容中，就是要使理论联系实际。这就要求思想政治教育工作者有高度驾驭理论与解决实际问题的能力，才能解释好实践中的热点与难点问题，使思想政治教育更具有说

服力。

（二）高校思想政治教育的民族性特征

民族是一种自然的历史存在，是人类社会性存在的一种形式。中华民族在几千年的历史发展中形成了稳定的民族情感和丰富的民族文化，这些都应该是思想政治教育的重要内容。中华民族精神源远流长、博大精深，是中华民族生命力、凝聚力、创造力的不竭源泉，是高校思想政治教育的重要组成部分。

（三）高校思想政治教育的综合性特征

高校思想政治教育内容具有综合性特征。高校应综合运用马克思主义理论，对大学生进行思想政治教育。马克思主义是对社会发展和人的发展进行综合性研究的理论成果，其研究领域覆盖政治、经济、文化、社会和人的思维等多个层面。思想政治教育工作是对人们思想意识进行教育的工作，要运用包括哲学、政治学、教育学、社会学、历史学和伦理学等多学科的教育内容，开展丰富多彩的教育活动。同时，要综合协调各方面的力量，利用各种教育途径和方法实施思想政治教育。以上都体现出了思想政治教育的综合性。

二、大学生思想政治教育过程的基本规律

列宁指出："规律就是关系……本质的关系或本质之间的关系。"思想政治教育过程有其自身固有的规律。其规律就是思想政治教育过程中诸要素之间的本质联系及其矛盾运动的必然趋势。规律是事物发展中本身所固有的、必然的、本质的、稳定的联系，决定着事物发展的必然趋向。规律具有客观性，人们不能随意创造和改变规律，只能发现、把握和利用规律。思想政治教育过程的规律同样是不以人的意志为转移的，不管人们是否意识到它，它都在起作用。

大学生思想政治教育过程规律就是指高校在进行思想政治教育的过程中各要素之间固有的、本质的、稳定的、必然的联系。大学生思想政治教育的规律所揭示的就是各要素之间矛盾运行及其发展的必然轨迹。它可具

体表述为：教育者的教育活动一定要适合受教育者的思想品德状况的规律，简称"适应超越规律"。它包括两个方面的内容：一方面，大学生思想政治教育的层次性要求根据教育主体的个性心理发展特点和思想道德状况来决定，不同的教育主体应该采取"因人而异"的教育方式；另一方面，大学生思想政治教育工作者与教育主体之间存在互动关系。

具体理解大学生思想政治教育规律，至少应该包含以下几点：

思想政治教育的对象具有广泛性的特点，大学生思想政治教育规律只存在于对大学生这一特殊群体进行思想政治教育的过程中，这主要说的就是思想政治教育对象的唯一性。所谓思想政治的唯一性指的就是思想政治教育客体的唯一，这是针对思想政治教育的广泛性而言的。大学生思想政治教育的特点决定了大学生思想政治教育必须是"多对一"的关系，即教育内容、教育方法、教育者服务的对象只能是高校大学生群体。超出这一群体，或者超出这一群体的思想道德发展水平的教育都违背了教育的唯一性。

大学生思想政治教育过程规律是教育主体、教育客体、教育环体、教育介体之间的相互联系或相互关系。大学生思想政治教育过程研究的是教育主体、教育客体、教育环体、教育介体之间的相互联系或相互关系。在实际的思想政治教育活动中，教育主体在教育介体中，借助教育环体对教育客体施加影响。其中，教育主体与教育客体通过间接的方式进行互动联系。教育环体与教育介体的优劣都会或多或少地影响教育效果的发挥。因此在进行思想政治教育的过程中，一定要善于利用教育介体和教育环体。要想发挥大学生思想政治教育过程中教育主体、教育客体、教育环体、教育介体的作用，应该做到以下两点：一是要注重发挥教育主体和教育客体的主体性。在思想政治教育实践活动中，无论是教育主体还是教育客体，都是具有一定社会意识和行为活动能力的人，都具有主体性，在思想政治教育过程中，高校应该积极促成教育者与受教育者的双向互动。二是要积极发挥教育环体和教育介体的积极性，做到"趋利避害"。

大学生思想政治教育的过程是内化与外化相统一的过程。关于内化与外化的含义，理论界已做出了精辟的阐释。外化就是把内化要求的"我要这么做"化为"我已经或者正在这么做"。内外化目标的实现不可能一蹴而就，要分阶段进行。内化分盲从、认同和信奉阶段；外化分明确问题阶段、选择合适的行为方式和实践并养成习惯三个阶段来完成。

高校思想政治教育过程是一个整体，一个完整的思想政治教育过程包括内化与外化两个环节。在思想政治教育过程中，内化和外化是辩证统一的。内化是前提，外化是目的，内化是外化的基础，外化是内化的归宿，没有外化，内化就会失去意义；没有内化，外化显得"捉襟见肘"。外化存在于内化中，教育客体思想政治素养的形成来源于自身的外化来的社会实践；内化中也有外化，教育客体进行实践的依据就是来源于内化的思想政治素养。

应当注重部分与整体关系，整合各种因素形成合力，发挥系统作用的规律。大学生思想政治教育过程是一个整体，这个整体是由教育主体、教育客体、教育环体、教育介体四部分构成的。它们之间相互协作，和谐相处，有利于思想政治教育过程的整体发挥。在思想政治教育的过程中应该积极发挥各方面的合力，调节各方面活动的积极性。《新时代高等学校思想政治理论课教师队伍建设规定》一书指出："高等学校应当落实全员育人、全程育人、全方位育人要求，构建完善立德树人工作体系，调动广大教职工参与思想政治理论教育的积极性、主动性，动员各方面力量支持、配合思政课教师开展教学科研、组织学生社会实践等工作，提升思政课教学效果。"这就要求我们发挥各方面因素，积极进行思想政治教育的整体性构建。

兼具理论性和实践性是大学生思想政治教育的重要特点。思想政治教育理论要突出实践性，这不仅是时代的需要，更是大学生健康成长的需要。在大学生思想政治教育过程中，要充分实现教育理论的研究价值，而理论价值得以实现的最有效的方式就是要将其运用于实践中。"实践是检验真理的唯一标准"，针对思想政治教育理论的缺失，我们可以尝试将思想政治教育理论与高校实践相结合，在检验理论的同时发展和丰富理论。同时，大学生思想政治教育也要紧紧依靠理论，借助理论的"先知"推动思想政治教育实践的深入研究。这不仅是思想政治教育理论的创新，也会引发思想政治教育实践的发展和创新。

思想政治教育活动是一项理论性很强的社会实践活动。我们要牢牢坚持这一实践活动和理论活动不动摇。高校在进行思想政治教育实践的过程中，应该将理论与实践相结合，不断丰富和发展理论，创新理论内容和形式。在实践过程中要紧紧把握理论的科学性、现代性、专业性的特点。理论创新和方法创新相统一的规律，是思想政治教育的一条重要规律。

要把握好大学生思想政治教育规律与思想政治教育过程规律、思想政治教育工作规律之间的辨别和区分。大学生思想政治教育规律与思想政治教育过程规律、思想政治教育工作规律的联系在于它们都属于思想政治教育规律体系范畴，教育过程中的内容、方法、手段之间存在共性。它们既有联系，又有区别。

大学生思想政治教育过程规律与思想政治教育工作规律的差别表现在：大学生思想政治教育过程规律与思想政治教育过程规律的教育、研究对象不同；思想政治教育过程规律的研究对象涉及范围较广，包括社会生活中的诸多群体、诸多阶层；大学生思想政治教育过程规律涉及的对象具有针对性，只针对大学生群体。所以，高校思想教育政治过程规律包含于思想政治教育活动过程中，两者是特殊与一般的关系。

大学生思想政治教育过程规律与思想政治教育工作规律的差别表现在：思想政治教育工作规律是从教育主体的角度出发，站在教育主体的角度通过整合各种思想政治教育的资源，有针对性地开展思想政治教育活动。而大学生思想政治教育过程并非从教育主体一个角度出发，而是从多角度出发，进行规律总结。

第五节 从教育学视角谈课程思政对大学生主体性发展的促进作用

"现代教育学理论认为，教育作为促进个人发展的社会活动，不仅要以培养人的全面发展为教育目的，更要在教育教学过程中针对学生个性特点，进行主体性培养，发挥学生潜能。"我国高等教育肩负着培养社会主义事业建设者和接班人的重大任务，习近平总书记在全国高校思想政治工作会议上明确指出，要坚持把立德树人作为中心环节，把思想政治工作贯穿高等教育全过程，实现全程育人、全方位育人。因此，高等学校应在各课程中体现对学生的价值引领，培养和发展学生主体性，实现个体的全面发展。

一、教育学视角下的学生主体性

（一）主体含义

主体是现代认识论的一个基本范畴。《现代汉语词典》的解析是：哲学上指有认识和实践能力的人，马克思也曾说过"主体是人，客体是自然"，可见主体是专属人的哲学范畴，但主体是人又不同于人，"前者主要从活动方面，后者主要从存在方面"体现，也就是说，主体体现的是人对世界的一种价值关系和人的活动状态，如若人没有处于积极主动地位时，他便不是主体。因此，本书关于主体的定义为：有意识，有目的，并在一定社会关系中从事实践活动、认识活动的现实人，是能通过自身的自觉能动活动，发挥能动积极作用并取得支配地位的人。

（二）学生主体性

"主体性指主体在对象性活动中，运用自身本质力量，能动地作用于客体的特性，是指人的自觉能动性"，因而大学生主体性指大学生通过高校教育教化和自觉能动活动，体现出的自主性、主动性（能动性）、创造性等。自主性表现为具备独立意识，合理规划、执行、审视自己的教育活动，使学生对活动具有支配和控制的权利和能力；主动性（能动性）表现在为实现自身需要，主动适应、选择和改变教育活动；创造性指在教育活动中，学生能结合所学知识，对于所学知识有个性化理解，并达到举一反三的能力。当然，学生的主体性并不是与生俱来的，而是一个逐渐生成和发展的过程。在这个过程中，主体性不仅受到各种自然规律的制约，更受教育过程和各种教育规律的制约，这也是大学教育能促进主体性发展的依据。

（三）主体性教育思想

自古以来，教育学的探讨对象主要分为两类：一是以教师为中心（注重教师和教材）；二是以学生发展为中心（强调学生的主体性与主动性）。在我国，以学生为中心的教学理念可追溯到春秋时期。伟大的教育家孔子提出了"学而不思则罔""不愤不启""有教无类"等观点。我国最早的教育论著《学记》中指出："君子之教，喻也。道而弗牵，强而弗抑，开而弗达。"这都体现了我国古代教育重视在教学中培养学生的自觉性和积极性，肯定和尊重学生的主体地位。到了近代，从蔡元培提倡"展个性，尚自然"的教育原则到陶行知的"生活即教育，教学做合一"的生活教育理论，再到叶圣陶的"教是为了不教"，都表明教育家们重视学生个性发展、激发学生学习兴趣、启发学生独立探究等方面的作用。20 世纪 80 年代初，主体性教育理论在我国教育领域萌芽，到 90 年代初已形成了一套符合中国实际、以培养学生主体性为宗旨的理论，其基本观点为：人是教育的出发点，培养人的主体性是教育追求的目标；强调学生主体性的培养，确立学生在教育中的主体地位，关注学生未来发展，重视学生身心发展需要，承认学生个性发展的重要性；等等。

在西方，从文艺复兴开始，人们就开始认同和关注主体性教育思想：教育家卢梭突破了传统学科课程的束缚，确立起"自然即课程，儿童即自然"的课程理念；夸美纽斯主张"把一切知识教给一切人"。20 世纪初叶，美国实用主义教育理论推行者杜威提出了"儿童中心说""教育即生活"等思想，推崇教育教学应当以学生为中心。继杜威以后，以皮亚杰、布鲁纳等人为代表的建构主义理论学派倡导学生学习的主动性，主张通过提供和创设有利于学生主动参与的内容与情境，引导学生根据已有经验建构新知识，发展学生的主体性。20 世纪 60 年代，以罗杰斯为代表的人本主义教育理论学派更加强调学生的中心地位，强调构建适合学生需求的环境和氛围，引导学生主动投入并产生有意义的学习，促进其主体性发展。20 世纪 80 年代以后，主体性教育思想作为培养现代社会所需要的高素养公民的根本宗旨，已经深入西方各国的教育实践，并取得了显著成就。

综上所述，以学生为中心，培养学生主体性是教育的目的，是教育的风向标，高等教育应该以人本主义为切入点切实关注学生发展。

二、课程思政促进大学生主体性发展的必要性

促进主体性培养和发展是教育的目的，但是主体性的发展并不是一蹴而就的，而是一个教化过程。教育的各阶段承担着不同的教化角色：中小学阶段是学生主体性的萌生期，应侧重教化和引导学生；大学阶段是学生主体性发展的重要时期，应注重教化和引导学生自我教化、成长和发展；在成人阶段，个人主体性发展更趋成熟，已能进行自我教育和自我指导。由此可见，新形势下的课程思政要抓好主体性发展的重要时期，将推动大学生主体性发展作为课程目标，把促进大学生全面发展作为课程的本质要求，作为推动个人发展、提高教育质量、适应社会主义市场经济发展的必然推手。

（一）实现课程思政目标

高等教育哲学人本论认为："高等教育应当回归人本，以人的发展作为教育的价值起点与终点。"高等教育以人才培养为核心，以以人为本为宗旨，以立德树人为根本，其重心是实现学生德智体美劳全面发展。《国家中长期教育改革和发展规划纲要（2010—2020年）》明确，把育人为本作为教育工作的根本要求，提出要以学生为主体，以教师为主导，充分发挥学生的主动性。《基础教育课程改革纲要》中也提出了各学科建构新的课程体系、结构和内容及"以人为本，以学生的发展为本"的新课改理念。由此可见，大学课程思政的目标是实现人的全面发展，充分发挥大学生的积极性、主动性、创造性，推动社会各方面要素和谐发展。这与马克思列宁主义的人的全面发展学说不谋而合，认为"人们的社会历史始终只是他们的个体发展的历史"。因而高校应通过课程思政，保证所有学科共同作用，将思想政治工作贯穿教育教学全过程，实现全程育人、全方位育人，开创教育新局面。在课程思政观统筹下，从人出发，强调学生的主体

性，培养具有"认识人类社会发展规律的能力，能对现实社会实际发展方向独立做出正确判断的，真正坚持社会主义方向，能顶得住各种逆社会主义方向而动的潮流，具有各种独特才能和创造力的，并具有健全人格和丰富个性的人"。

（二）迎接新时代需要

随着我国社会主义市场经济的建立和完善，知识、经济、文化领域的多元化，人们的物质生活和精神生活都发生了巨大改变。我国在深入社会改革和实现现代化进程中，需要一批能引领时代潮流，具备高知识、强能力、强素质，有独立性、自主性、创造性的青年人才。因为"他们不再盲从传统的道德价值观和道德规范，而是自主地选择适应时代发展的道德价值和规范"。但是，目前的高等教育还未能培养大批满足时代发展需求的优秀人才。同时，在互联网蓬勃发展的时代，"地球村"正在形成，多元文化思潮交汇并激烈碰撞。大学生是网络使用的主力军，难免受到网络上各种思潮的影响。这就需要教师在课堂上除了教授专业知识之外，还要肩负起引领学生思想和价值观的工作。并且，在新媒体时代，信息获取和网络交流更依赖大学生的自主性、能动性和创造性。这对高校人才培养而言既是机会也是挑战。一方面，这要求高校提升学生的平等意识、主体意识、创新意识，促进学生全方面培养和发展；另一方面，要考虑如何改变传统教育模式，培养符合时代所需人才等问题。因此，充分重视大学生的主体性作用，培养全面发展的人才，已成为当代高校亟待解决的教育问题。因此，要在课程思政方针指导下，开展培养学生主体性的教学活动，帮助大学生树立正确的价值观，激发大学生的自主性、能动性和创造性，使他们学会学习、学会发展、学会创造，迎接新时代的挑战。

（三）满足大学生需求

在人才聚集、知识信息爆炸的时代，大学生是时代的弄潮儿。他们正处在世界观、人生观、价值观的形成阶段，表现为对外界拥有强烈的好奇心和求知欲，对新生事物存在敏锐的感知力，对内希望自身取得进步，成长成才。同时，大学生的需要多种多样，既有物质需要、精神需要，也有主导性需要、辅助性需要，其中不断成长自我、发展自我是大学生的主导性需要。但从大学生的心理发展特点来看，虽然"成人感"已出现，价值观念渐趋稳定，道德水平不断提高，但独立意识仍未成熟。因此，课程思政的重点在于培养学生的主体性，培养学生的独立思维能力，使大学生获得全面发展。

（四）改变现行课程弊端

在现行高等教育中，大部分课程的教育方法为依赖教师、形式单一、强制性的外部灌输方式，学生往往处于静听状态，处于一种被动接受地位，形成了"我说你听，我打你通，以观念说教、行为约束、思想灌输为特征的单向教育模式"。在教育关系上，教师只是负责完成教学任务，没有真正指导和改变学生，而学生只是负责机械性或突发式地完成学业，修满学分，在学习过程中缺乏主动性、创造性。在教育评价中，教师是评价主体，是决定主体，学生很少参与教育评价。总体而言，高校教师的机械灌输与学生的被动接受现象仍比较严重，这扼杀了学生自主学习的积极性，不利于塑造独立人格，更不利于培养学生的自主性、能动性和创造性。教育一旦失去涵养人性、关切人生的追求，学生就会沦为被知识操控的"机器人"或"工具人"。毋庸置疑，传统教育在规范个体行为、提升个体素质上具有积极作用，但往往忽视学生的主体意识，不够尊重学生的自主、自立、自觉的主体精神。因此必须对传统教育进行改革，树立新型教育观，以课程思政为切入点，实现全员、全过程、全方位育人，充分调动学生的积极性和能动性，培养学生的主体意识和主体能力，帮助他们形成主体性道德人格。

三、课程思政促进大学生主体性发展的有效机制

针对我国一些高校忽视主体性人格培养的状况和大学生主体性人格形成的特点，新时代下的课程思政应该从以下几方面促进大学生的主体性发展，提升育人合力。

（一）主体性发展的课程目标

教育主要有两大方向和目的：社会本位论和个人本位论。从社会本位

论教育目的来看，培养学生是为了个人更好地实现其社会化，满足社会需求，使其自觉服务于社会。在当今市场经济形势下，社会需要主动性强、创新能力强的人才，课程思政要通过挖掘全部课程价值内涵，充分发挥主体的主观能动性、积极创造性和自主选择性，推动其个人的主体性发展，为社会、国家培养所需人才。从个人本位论教育来看，瑞士教育家裴斯泰洛齐曾说过："为人在世，可贵者在于发展，在于发展个人天赋的内在力量，使其经过锻炼，使人能尽其才……"这就是教育的最终目的，即个人的全面发展是教育的终极目标。由此可见，高校课程思政目标不仅要强调社会发展的整体需要，还要强调个人的发展诉求。当代大学生是完整的、独立的，具有自主意识，一直处于发展中的个体，课程思政教育者和实施者要牢记"立德树人是高校立身之本"，将培养学生的德育素养视为教育的灵魂和首要任务，帮助学生学习和掌握德育知识，要使"德"统帅"才"；要意识到学生有追求人生价值、自我实现的内在需要，发展学生的能动性、自主性和创造性，使其成为有较强生存能力、适应能力和发展能力的个人；同时要意识到促进学生主体性发展并不是开展外在的、强加和压迫式的教育，而是引导学生积极主动地学习各类知识，并带领学生积极主动地将外在知识内化为自己的知识，不断提高和强化学生思想上和政治上素养的水平。

总而言之，高校在制定课程思政目标时，在思想观念上要牢记社会本位论和个人本位论理念，培养和发展满足社会需求和个人诉求的学生。从学生实际出发，树立把学生主体地位还给学生的意识，培养学生的主体性，为实现学生主动发展的课程目标服务。因此，课程思政目标的理念应当是：调动和激发学生的道德需要与动机，强化他们的主体意识，让他们自觉、主动地追求高尚的道德行为，发挥主观能动性，最终使学生获得终身学习的知识、技能和方法，形成正确的人生观、世界观和价值观，促进人格完善与自由和谐发展。

（二）以人为本的主体性课程

高德毅认为："从核心理念上讲，实施课程思政旨在突出学校教育应具备 360 度德育'大熔炉'的教育合力作用，课程思政既须注重在价值传播中凝聚知识底蕴，又须注重在知识传播中强调价值引领，有效地促进显性教育和隐性教育相融通。"由此可见，这种崭新的育人模式特别注重强调以开发"课程思政"为抓手，来积极构建起高校的大思政格局，重构高校思想政治教育课程体系，最大限度地推进各专业、诸课程、全方位都能同向协力地成为立德树人的思想政治教育主阵地。

第一，价值教育引导是课程思政培养主体性人格的核心内容。培养什么样的人，为谁培养人，是大学教育的根本问题。"切实把社会主义核心价值体系融入国民教育和精神文明建设全过程"，培养德智体美劳全面发展的社会主义建设者和接班人是中国特色社会主义大学教育的本色。因此，课程思政要依据马克思主义的基本观点和方法，培养学生的主体性人格，促进学生全面而自由地发展；要对学生进行理想信念教育，引导他们统一个人理想与共同理想；弘扬民族精神、时代精神，建立正确的荣辱观，构成一个全面传导价值观念的教育体系。

第二，加强大学生心理素质培养是课程思政培养主体性人格的组成部分。心理素质是人对环境及相互关系的适应能力、自控能力以及为人处事的态度和素养。在市场经济大潮中，面对激烈的竞争与利益关系，面对人生得失引起的诸多困惑、压力、苦恼、焦虑，不少大学生存在自卑、自傲、胆怯、任性等心理障碍。矫治心理上的疾病的任务虽然不是由课程思政完全承担的，但也是课程思政不可推卸的任务，因为课程思政的目标是实现人的全面发展。因此，在课程实施过程中，教师要学会观察学生的心理状态，识别有心理问题的学生。在必要的时刻，除了引导学生进行心理咨询外，还应发挥课程思政完善大学生主体性人格的基本功能，对大学生进行引导教育、关心爱护，在课堂上多鼓励大学生树立自信心、自尊心，多鼓励大学生进行自我教育、自我管理，培养大学生的自主性和能动性。

第三，培养大学生的主体性意识是课程思政培养主体性人格的重要方面。主体意识指"作为认识和实践活动主体的人对于人的主体地位、主体能力和主体价值的一种自觉意识，是主体的自主性、能动性和创造性的观念表现"。大学生正处于主体意识发展的重要时期，主体意识的强弱决定着学生的自知、自控和自主水平，决定着学生的身心发展水平。在课程思政中，树立学生主体性地位的观念，培养学生的主体性意识，主要可以培养学生的自我意识能力、自我实践能力、自我反省能力、自我监督能力、自我判断能力等。其中较为重要的是学生自我实践能力的培养，这主要通过在课程思政中引入活动课程，通过参与活动，从而在实践中、在行动中实现个人认知、情感和行为上的发展。

第四，融入各类课程的人文情怀是课程思政培养主体性人格的表现方式。高校应立足"立德树人"这个目标，充分挖掘各门课程中的思政资源。高校的各类课程不仅蕴含着科学精神，也涵养着人文精神，而挖掘和学习高校课程中的人文精神也是高校内涵建设的重要推手。在课程思政的实施过程中，高校应精心梳理教材内容，提炼出各专业、各教材和各章节所涉及的思维、技术、人性、社会等多方面的独特育人价值，例如发展历史、杰出人物、人类价值、社会贡献等，传授课程各方面的内涵，既让学生明白专业课程的价值取向，也能去思考自己的世界观、人生观、价值观。

（三）双主体型、平等友爱的师生关系

苏联著名教育家苏霍姆林斯基曾经说过，课堂上一切困惑和失败的根子，绝大多数场合下都在于教师忘却了——上课，这是教师和学生的共同劳动，这种劳动的成功，首先是由师生关系确定的。因此，课程思政应重视良好师生关系的形成，从而推动教育的成功。

在良好的师生关系中，首先应确定的是谁是教育的主体。这也是教育界近几年一直在争辩的论点，主要有以下观点：一是教育者主体说，即教育主体为"从事思想政治教育的人和机构组成的系统"。即教师是实行课程思政的主体，学生是客体。二是受教育者主体说，该观点认为学生是教育的主体，一切教育应以发展学生而进行。三是双主体说，承认教师和学生都是有意识，有目的，并在一定社会关系中从事实践活动、认识活动的现实人。教师和学生互为主体性，在施教过程中，教师是主体，学生是客体；而在受教过程中，学生是主体，教师是客体。双主体说的观点以顾明远先生首提"学生主客体论"。他认为，在教育教学过程中，学生既是教

育的主体，也是教育的客体，并且强调应该进一步尊重和培养学生的主体性。他认为，在教育过程中，学生主体会进行自我教育，具有主动教育功能和自觉能动性。并且，学生的主体性并不因为学生在施教过程中处于客体地位而被消灭。因此，"不仅要重视教育客体的积极性、能动性、创造性在思想政治教育活动中的发挥，而且要把教育客体、主体性的培养和发展作为重要主体"，重视学生的主体地位。

课程思政不仅要重视学生的主体地位，吸引学生的主体参与，给予学生个体更大的发展空间，而且要提倡平等交往和对话。随着时代的发展，传统的教师角色也在不断受到批判。教师不再是毫无争议的社会代言人，不再是无可替代的知识传递者，也不再是至高无上的知识权威，而是师生"平等中的首席"。教师们要转变自身的角色观念，成为学生的良师益友，与学生"打成一片"。组织者要从台前走向幕后，为学生创设民主、宽松、和谐的教育环境。所谓师生平等，不仅是指地位平等，更是人格平等。这就求课程思政观下的每位教师以平等心态尊重学生的主体性人格，促进每个学生的身心发展。教师要改变传统的师道尊严的想法，学生要改变不敢说、不敢多说的现象，在课堂上营造和谐的学习氛围，让学生体验到不受压抑的愉悦感。建立平等交往的师生关系，将有利于激发学生学习的积极主动性，也有利于学生主体性品质的生成。

（四）主体性教学模式

教育模式指在一定教学思想或教学理论指导下建立起来的较为稳定的教学活动框架和活动程序。中国的传统教育是一种灌输式教育，它以"课堂"为唯一教育阵地，以"教材"为唯一教学内容，以"讲课"为唯一教育手段。这种教学模式完全忽视大学生的主观能动性，使学生始终处于被动接受地位，往往使得学生产生逆反情绪，拒绝接受教育，特别是思政类教育。同时，在全球化背景下，大学生主体意识的觉醒，让他们不再轻易相信和遵循什么，而是相信自己的判断和选择，这给大学教育带来了新的挑战。因此，新形势下的课程思政应采取人本主义教学模式或建构主义教学模式。前者强调个体在教学中的主观能动性，坚持个别化教学；后者强调个体以自己的方式通过别人的帮助，建构对事物的理解。

在上述两类教学模式的指导下，课程思政应该做到以下几点：第一，建立主体性课程思政教育。苏联教育家苏霍姆林斯基认为：自我教育是学校教育中极重要的一个因素，没有自我教育就没有真正的教育。课程思政要成为开展自我教育和自我发展的课程，在教育者的帮助下，学生根据自觉性充分发挥主体的能动性，通过侧面暗示、榜样影响等方法进行自我教育和自我提高。第二，建立互动型课堂，即强调学生的主体参与，重视师生之间的交往互动。在课堂上，教师要善于激发学生的学习兴趣和积极性，与学生共同探讨、共同协商、相互学习。第三，重视课程知识的建构。建构主义代表者布鲁纳指出：知识的获得是一个主动的过程，学习者不应是信息的被动接受者，而应该是获取过程的主动参与者。课程思政应采取情景法、探究发现法、问题式学习、小组研究、合作学习启发式、讨论式、参与式等教学方式，以及创新性研讨、实践学习成果汇报等，激发学生的积极主动性，实现多元化师生互动。第四，运用网络平台。现今世界，手机已成为学习的必需品，教师要利用网络来吸引学生，让学生主动学习。例如，将课程思政与朋友圈、微信公众号、班级群等相结合，开展形式多样、风采各异的课程思政第二课堂。第五，解答疑难困惑。学生主体性的发挥还体现在学生的质疑问难中。在教学过程中，主动对问题进行深层次多角度思考，能够发展学生的主体性意识。

通过主体性教学模式，课程思政将充分发挥大学生的主体性，让他们变成能动、自主、自觉、自控的社会主体，从而实现思想政治教育和道德教育目标。

（五）发展性教学评价体系

《基础教育课程改革纲要》指出，要建立旨在促进学生全面发展的评价体系，旨在促进教师不断提高的评价体系和旨在不断促进课程发展的评价体系。这是一种发展性评价理念指导下的评价体系。发展性评价体系指评价不再仅仅是甄别和选拔学生，而是促进学生的发展，促进学生潜能、个性、创造性的发挥，核心是重视过程，关注个体差异，强调评价主体多元化。因此，新形势下的课程思政应当改变过去单一、重视教学结果的评价体系，调整和完善课程评价体系，形成发展性评价体系。其重点要做到以下几方面。

第一，评价形式的改变。过去的课程评价往往只注重结果，却忽视发展功能的发展性评价，这不能准确反映学生的实际情况，也忽略了学生是处于发展过程中的现状。课程思政和教育改革的出发点是"以学生的发展为本"，应进行全面的评价。因此，新课程思政观下的评价体系以过程为导向，重视学生在课程思政过程中发生的改变。这有利于激发学生的主动性，引导学生在高等教育课程中注重个体的过程发展。第二，评价内容的改变。过去的评价往往只注重专业知识结果。课程思政的核心是立德树人，评价的内容倾向于课程的职业道德、人文素养、社会责任，学生对学科的情感、态度、价值观，对学科的认知度，未来职业选择。通过多维度评价，能够调动学生的积极性，推动学生全面发展。第三，评价主体的改变。课程思政要实现评价主体从单一向多元的转变。过去单一的评价主体带有主观性和随意性，这不能形成准确的评价结果。因此，课程思政下的评价要依靠科任教师、学生本人、班级评定小组共同合作。其中自我评价是发挥和发展主体性的重要推手。通过自我评价，能够唤醒学生的参与意识，使其认识自身不足，主动寻求进步，实现个人主体性发展。

课程思政要想促进学生主体性发展，还需要做很多努力。例如，在学校层面，思想上要高度重视，实现课程思政从专人育人到全员育人的改变，倡导高校教师积极投身到立德树人的根本任务中。在教师层面，一方面要加强教师的思政素养、人文素养；另一方面要坚持"以人为本"教学理念，牢记课程思政目标，积极推行课程思政，提升学生德育发展。但是，最重要的是，课程思政要始终把大学生主体性发展作为主要目标，尊重学生的主体性，促进学生的全面发展，为我国社会主义建设培养全面发展的人才。

第二章

新时代高校思政育人的理论依据

第一节 马克思主义是高校思政育人的理论基础

马克思主义是我国社会主义建设的指导思想，对培养社会主义接班人也具有指导意义。在高校思想政治教育工作中，广大思想政治教育教师应坚持马克思主义关于人的本质理论的观点，树立人的全面发展观念，促进大学生的全面发展。

一、马克思对人的本质的探讨

马克思关于人的本质理论，最主要的还是以人为本。以人为本对人类社会活动的各个领域普遍有效，但具体表现形式各不相同，因而它必须同各个领域的实际情况结合起来。以人为本在高校思想政治教育领域的本质要求是突出人的发展。人是教育的出发点，也是教育的归宿；人是教育的中心，也是教育的目的；人是教育的基础，也是教育的根本。马克思对关于人的本体论研究的一个重要内容，就是对人的本质的探讨。

（一）马克思探讨人的本质的方法

人们对马克思关于人的本质问题的研究，大多集中在他对人的本质内容的规定上，而对他关于人的本质问题的研究方法及理论意义缺乏探讨，从而难以把握问题的真谛。马克思对人的本质的探究采取了多种方法，主要有三种方法。

1. 人成为文明人的根据

所谓文明人，并非只是有血有肉的自然人，而是有灵魂的、适应社会发展的人。马克思之前的哲学家认为，人的本质是由于人具有思想、意识和理性。思想、意识和理性确实能够把人与动物区分开来，但绝不是人的本质属性。

在马克思看来，人与动物相区别的标志正是人自身。生产劳动是人区别于动物的本质特征，生产劳动能够推动人的各种属性的发展。在关于人的本质研究上，马克思做出了巨大贡献，这位伟大的思想家有着辩证唯物主义的头脑，他将人的本质建立在辩证唯物主义基础之上。

马克思认为，人的类本质与人的本质是不同的两个课题。在人的类本质问题上，物质生产劳动是人成为人的根据，能够把人和动物区分开来。人必然存在于现实生活中，每个现实的人为了自己以及后代的生存，都从事着一定的劳动，因而，在现实生活中的人是与他人不同的独一无二的个体；在人的本质问题上，人的社会属性就凸显出来，人的特定的社会关系就构成了他的本质属性。

2. 人存在于社会中的根据

人的存在是多方面的，马克思主要把它归结为四个基本方面：自然存在、人类存在、社会存在、个性存在。这实际上也是从人的生活中揭示人的本质。此方法的特点是首先确定人的基本存在，然后从中揭示出人的本质。

个人的自然存在即有生命体征的个人存在，它包括人自身的自然存在和人身外的自然存在。个人的自然存在要成为人的自然存在，在马克思看来，在于人的物质生产劳动和社会关系。马克思从人的自然存在中揭示出了人的本质——物质生产劳动和社会关系。

人的类存在是人的又一基本存在，关于人的类本质问题，马克思用生产实践的观点，说明了与人相关的问题。

生活在现实生活中的每个人都有不同于他人的个性，每个人的生活过程是完全不同于其类生活和社会生活的。类生活和社会生活是不能取代个体生活的。马克思认为，个人是社会关系的承担者，但社会关系并不是个人的全部，个人绝不只是社会关系的承担者，所以说社会存在不能代表个人的全部。

人是社会的存在物，其本质是一切社会关系的总和。马克思认为，人正是以自己的需要和活动为基础，在社会生产实践中成为社会的存在物。

在马克思看来，个体的社会联系是由于人们之间的相互依赖性和所进行的社会生产实践劳动而形成的，人以自己的需要和活动为中介而成为社会存在物。因此，每个人都拥有不同于他人的社会生产方式和社会关系。

3. 分析物质实践活动之于人的生活意义

人是具有多种属性的存在物。马克思以前的思想家往往片面夸大其中某一属性，忽视其他属性。18世纪法国唯物主义者把人的本质归结为某种人的自然属性，德国古典哲学家则把人的理性看作人的本质。在马克思看来，他们这样做的原因在于他们没有看到人的所有属性得以统一的基础——物质实践活动。

马克思从物质生产活动中发现了人的本质之秘密。他通过对这一活动的分析，揭示了人的本质的丰富性、历史具体性和完整性，这一方法贯穿于马克思所有著述的始终。归结起来，可分为三个基本逻辑层次。

一是从分析人的实践活动本身的性质入手揭示人类本质。就人的本质而言，实际上表达了三层含义：其一，人的类本质在于人的生命活动的性质；其二，这一性质在于自由自觉；其三，人的全部本质都内含在人的活动之中。

二是从人的物质生产劳动的社会性质——物质生产方式或物质生活方式出发揭示人的社会本质。马克思指出，物质生产方式决定了个人的生活方式，而生活方式是依据于活动方式的。

三是从人的物质生产劳动的个人性质入手揭示人的个人本质。马克思指出，人的物质生产活动既属于社会，又属于个人，人的物质生产需求是源于人的需要的。

综上，马克思在人的物质生产劳动的基础上，揭示了人的本质：人是个人需要、社会实践活动和社会关系的统一体。

（二）马克思关于人的本质理论的内容

要弄清马克思关于人的本质的内容，首先应对他的人的本质概念加以了解。因为在对马克思人学理论的研究中，人们对他关于人的本质内容的理解存在较大分歧，究其原因，是人们对人的本质与人的本性、人性、人的属性没有一个清晰的理解。

1. 人的本质与人的本性、人性、人的属性

在马克思看来，人的本质有两层含义：第一，人的本质是人与动物相区别的最根本属性；第二，人的本质决定了人的现实存在，产生了人的各种类特性。

在马克思看来，人的自我产生有一个从潜在的人到现实的人的过程，劳动是人们谋生的手段，劳动创造了人的意识、语言、社会性，劳动产生了人。人正是通过生产劳动证实了自己的意识和自由自觉性。人要想在社会中生存下去，必须进行物质资料生产活动，在进行物质资料生产的过程中，人的物质生活诞生了。

在马克思看来，人性有理想和现实之分，人的本质就其本来意义讲，不能说它有理想的本质，只能说它自身包含着理想因素和现实因素。在马克思看来，理想的人性是对动物性和非人性的否定，是对人的个性或主体性的肯定，是人类的特性在人的道德精神中表现出来的、有利于个人的一系列优秀品质和完美特性。这种人性不是从现实出发的，它所规定的不是人性的现实状况，而是对美好人性的向往，因而它带有规范性。

人的本性既与人的本质不同，又与人性不同。在马克思的德文原著中，人的本性和人的本质、人性是在不同的含义上使用的。人的本性是和"天性"一词的含义等同的，而人的本质则是另外意义上的一个名词，它

指的是人的"根本特性"。此外，当马克思谈到人的本性时，往往与人的自然欲望和生理需要以及天性联系在一起，而当谈到人性时，又常和人的美好品质相连。可见，在马克思看来，人的本性与人的本质、人性是有区别的。

在马克思看来，人的本性与人性、人的本质还有其联系的一面，即人的本性是人性的逻辑前提和根源，离开人的本性就无所谓人性。承认人的本性并不等于承认人性，因为人性还是人的本性在人的生产劳动或社会实践中的表现，是历史的变化了的人的本性。人的一般本性只是一种形式上和本体上的抽象规定性，而人的历史的变化了的本性即人性。

在马克思看来，人的一般本性大致来讲包括自然本性、精神本性、劳动本性和社会本性。但从形式和逻辑次序来讲，其最基础的本性是受人的肉体组织制约的自然本性，而人的主要自然本性是人的需要。这是因为：第一，人之所以要结成社会，是由于个人在其自然性上是有限的，单靠个人无法从自然界获得满足自己生存的生活资料，更谈不上发展，为了生存和发展，人就需要和他人合作交往，即结成社会。第二，在自然主义那里，人是自然的一部分，自然就是人的"王国"。人的身体、各种需要和感觉，把他与自然紧紧联结在一起。第三，马克思批判地继承了自然主义的上述思想，鲜明地把人的需要作为人的本性，比前人进了一步。第四，人的需要之所以是人的本性，还在于人的需要是人本身固有的、不可缺少的、必然的，规定并制约着人的行为。

人的需要只不过构成"生产的观念上的内在动机"，构成"生产的前提"。生产和需要"总是表现为一个过程的两个要素，在这个过程中，生产是实际的起点，因而也是起支配作用的要素"，而需要"本身就是生产活动的一个内在要素"，倘若撇开生产劳动来谈人的需要，我们就不能解释需要的内容及其满足方式。由于谈论生产劳动和人的需要的关系时，我们的出发点和立脚点是现实的，在这个意义上，那种把人的需要看作比人的生产劳动更根本的观点是错误的。人的最根本的东西是能把人和动物区别开来，人的需要再重要，它也不能把人和动物从根本上区别开来，而能做到这些的，只能是人的生产劳动。

人的本质、人性和人的本性，虽然在程度和意义上不同，但都是通过人的各种属性（其基本属性是人的自然属性和社会属性）表现出来的。人在与其他个体发生关系时，他表现出来的应是人的种种社会属性；在人作为自然的一部分的意义上，他表现出来的是人的自然属性。

我们对马克思的以上观点做一个总结：人的本质是人的根本，是人成为人的根据；人性由人的本质所决定，通过人的精神表现出来；人的本性是植根于人的肉体组织中的，是人固有的、必然的、不可缺少的性质，天然决定着人的行为。其中，人的本质是对人来说最根本的东西，离开人的本质来谈人性和人的属性，必将陷入抽象。

2. 人的本质结构

马克思主义认为人的本质是和人的生产活动紧密联系的。由于人的生产活动包含多个方面，因此，人的本质结构也包含了多个方面。简言之，人的本质是多个层次的。

首先，人的本质的主体性规定。

说人的本质是生产劳动，仔细追究起来是不严密的。实际上，在马克思看来，人的生产是能够实现人与动物区别的一个标准，而标准的核心在于生产的不同性质。动物的生产活动的直接服务对象是动物自己，而人的生产活动的直接服务对象则是他人。

马克思主义认为，人生产的产品是服务于社会的，人通过社会的认可而实现人自身的价值。因为社会所需要的产品种类很多，通过人自身的全面发展，掌握不同产品的生产技术就可以实现产品生产的自由自觉。人类的自由自觉还与其创造性紧密相关。人类在其发展过程中产生了高度发达的大脑，推动其不断地超越自己。

其次，人的本质的客观现实性规定。

从上面的论述可以看出，人的生产劳动是与人的社会关系紧密联系的。因此，人的本质同样是与人的社会关系紧密关系的。因此，马克思主义认为，人的本质是人的社会关系的总和。人的社会关系又是人的生产劳动的客观现实化的具体表现。

最后，人的本质的内在规定。

从人的自然性来看，人的生产劳动源自人的需要。马克思把人的需要分作两类，一类是人作为动物的需要，一类是人作为人的需要。人作为动物的需要又称为人的自然需要，是由人的肉体组织决定的，以维持其肌体新陈代谢之需要。人作为人的需要又称为人的社会需要，是维持其社会地位的需要。

人的两种需要对人来说具有不同的意义。人的自然需要是维持人存在的原动力。马克思、恩格斯指出，人为了生活，首先就需要吃喝住穿等。人的"新的需要"除了是人生产劳动的新的动力外，它的另一个意义在于它表现、体现着人的本质——生产劳动。究其原因：其一，生产劳动是满足人的现实需要的手段，是人的谋生的手段。由此可以得出一个结论：人的本质通过人的生产需要体现出来，而人的生产劳动可以由人的需要体现出来。其二，人的需要推动了人使其生产劳动兼具创造性和社会性。人是社会性动物，在确定其需要的时候具有能动性和主体性。人的能动性推动人不断改变自身环境，从而使生产劳动具有创造性。然而人的主体性使得人能够认真分析自身所处环境，调整其生产劳动的方向，使生产劳动具有社会制约性。其三，人会依据自身的社会活动情况诞生出新的需要。马斯洛把人的需要分为五个层级，强调人有获得尊重的需要。人主要是凭借自身的社会活动与他人交往从而获得尊重。人在与他人交往的过程中，总会观察他人的活动，从而促使自己从事相似的活动，继而与他人有共同的话题。人在推动自己产生相似活动的过程中，就会产生新的需要。

总之，人的生产劳动与人的需要的关系是相互的。人的生产劳动能够产生人的需要，人的需要也能推动人从事相似的生产活动，而这一切都发生于人的社会关系之中。因此，人的本质就是处在一定社会关系之中由多元化的需要与生产劳动构成的复杂动物。从这个定义来看，个人是社会关系、生产劳动与需要构成的复杂的结构系统。简单说，个人的本质"既和他们生产什么（满足需要的劳动及其产品）一致，又和他们怎样生产（活动方式及其关系）一致"。这个定义体现着人本学规定和社会学规定的统一。把表现、实现和确证人的自由个性和满足人的需要作为目的，这是以人为本；而把这种目的的实现放在一定的社会关系条件下来考察，就是以社会关系为本。

（三）人的本质的方法论意义

马克思把对人的本质问题的研究看作研究人、自然和社会历史等问题的出发点和前提，是为达到某种目的而提供一种方法论。

1. 马克思为揭示社会历史的本质提供了方法论

在马克思看来，人是社会历史的主体或"剧作者"，因而整个历史也无非是人类本性的不断改变而已。既然如此，要想认识社会历史，就必须对人的本质有所认识。从揭示人的本质入手认识社会历史，是马克思关于人学的研究中采用的一种方法。

在《博士论文》中，马克思把自我意识看作人的类本质，因而他从此出发说明社会历史，认为社会历史是自我意识的表现和实现。

在《黑格尔法哲学批判》中，他把理性和自由看作人的社会本质，从此出发，他把国家看作理性和自由的产物和表现，进而又把家庭、市民社会和国家看作人的本质的实现和客观化，并从此出发批判了封建王权和等级制，认为后二者是人的活动脱离人的本质之结果。在《莱茵报》工作期间，他认为人的类本质是"理性和自由"，与此相应，他把理性和精神作为社会的本质。在《关于费尔巴哈的提纲》以及以后的著作中，马克思把有生命（有个性）的个人、物质生产实践活动和社会关系看作人的本质的规定，看作社会历史的基本前提、出发点和本质内容（因素），并以此来说明社会历史发展，认为社会历史是"个人本身力量发展的历史"，是物质生产劳动的发展史，是生产力和社会交往形式（社会生产关系）矛盾运动的历史。

2. 马克思为说明人的问题提供了方法论

人的本质是人得以存在和发展的一个根据，马克思从有个性的个人、生产实践活动和社会关系三者的统一出发，分析说明了人的全面而自由的发展、人的平等、人的权利和人的解放之内容和条件，以批判以往的关于人的学说。马克思把人置于社会关系中来说明人的解放，从人的社会生产实践活动来说明人的解放，并指出人的解放的目的是消灭异化劳动，从人的个性来理解人的解放，指出人的解放是自己支配自己。

他把人的全面发展的基本内容和条件归结为三个基本方面：一是人的社会关系充分达到全面、和谐一致的发展，消灭私有制；二是人的生产实践活动达到充分的丰富性、变动性和完整性，消灭旧式分工和发展社会生产力；三是个人本质力量、能力、潜能和个性的充分发挥，唤醒个人自我意识。

马克思从有个性的个人、实践活动和社会关系三者的统一出发，分析和说明了人的自由的内容及实现条件。人的自由是从如下三个基本方面来分析的：一是人作为人类一员所享有的自由，二是人作为社会和社会关系中的一员的自由，三是人作为有个性的个人之自由。

他还从有个性的个人、实践活动和社会关系三者的统一出发批判了以往的人的学说。在马克思看来，以往的人的学说抽象地谈论人和个人，其根本原因在于忽视了人的实践活动和社会关系。国民经济学只关心劳动的经济学意义，却忽视了劳动的属人性质。

3. 马克思为分析社会经济现象提供了一把钥匙

作为社会经济现象的社会经济关系是人与人之间的经济关系，既然如此，对人的本质内容之揭示，无疑对分析社会经济现象具有重要的意义。

马克思是从有生命的个人、实践活动和社会关系三者的统一出发，来分析说明社会经济现象，来阐明政治经济学原理的。他在《1844 年经济学哲学手稿》中，第一次集中分析了"劳动者及其产品的异化"这一基本的社会经济现象（或事实）：一方面从社会关系出发分析这一现象，指出这一现象表明人与人之间存在着私有财产关系，存在着资本家对工人的占有关系；另一方面，从人的自由自觉的活动出发说明这一现象，认为这一现象表明人的劳动产生了异化。另外，他还从有个性的个人出发来考察这一现象，认为这一现象表明人的个人价值、尊严和幸福的丧失，表明个人需要和发展受到压抑。在《资本论》中，马克思又指出，他对资本主义社会的经济现象的分析，首先是从人与人之间的社会关系的一种特殊表现形式即商品交换关系出发的，并且力图在物与物的关系中揭示出人与人的关系。同时指出，他在分析社会经济现象时在某些方面陷入困境，其原因在于没有把人看作有个性的个人。另外，马克思还从实践活动的一种特殊社会形式——雇佣劳动出发来分析社会经济现象，说明资本家对工人的经济剥削和压迫的秘密，对资本和私有财产进行了说明。从这里可以看出，通过对雇佣劳动的分析来说明社会经济现象，在马克思的理论中占有十分重要的地位。

4. 马克思为说明"自然"提供了方法论

"自然"是马克思学说中的一个重要概念，对这一概念的揭示和分析，马克思也是从有生命的个人、实践活动和社会关系三者的统一出发的。在他那里，关于"自然"的概念有三种基本含义：一是从有生命的个人出发来理解自然，指出自然是有生命的个人的无机身体；二是从社会关系出发来考察自然，认为自然是"历史的自然"或"社会中的自然"，自然只有在社会和社会关系中才成为人和人联系的纽带，成为人生存的基础；三是从人的实践活动的对象性出发来说明自然，认为自然是"人化的自然"。

5. 马克思为确立科学共产主义学说提供了线索

科学共产主义学说是马克思主义的最终旨趣。在对共产主义的论述中，马克思始终关注的是人、实践和社会关系。

首先是对有个性的个人的关注。这一点充分体现在《德意志意识形态》《共产党宣言》《资本论》等著作中。其基本思想是"共产主义所造成的存在状况，正是这样一种现实基础，它使一切不依赖于个人而存在的状况不可能发生，因为这种存在状况只不过是个人之间迄今为止交往的产物"。在共产主义社会，个人的能力与个性将得到全面的发展，人的全面发展将与社会的发展取得和谐一致。

其次是对实践的关注。马克思把实践的唯物主义看作他的共产主义学说的一个中心内容。这一内容包含两个方面：一是共产主义实质上是通过实践消灭现存状况的现实运动，是通过革命实践改造旧世界的运动过程；二是通过人的实践改造活动，有力地批判和改变事物的现状，使现存世界革命化。

再次是对社会关系的关注。马克思指出，共产主义是由消灭陈旧狭隘的社会关系产生的，是私有财产关系的积极扬弃，它的理论可概括为一点，这就是消灭私有制这一社会关系。

由此，我们不难看出，马克思对人的本质的揭示，是离不开他对实践、社会历史和社会经济关系的分析和认识的。实际上，马克思对人的本质的认识过程同他把这一认识作为方法加以运用的过程是一致的，即是同一过程的两个不同方面。

二、马克思主义对人的全面发展的探讨

（一）马克思主义关于人的自由全面发展理论的主要观点

1. 人的发展与人的本质

马克思对人的发展的论述是建立在对人的本质的研究基础上的。马克思认为人生来就是自由的，这也是人的本质的组成部分。"在野蛮时代的低级阶段，人类的较高的属性便已开始发展起来了。个人的尊严、口才、宗教感情、正直、刚毅和勇敢这时已成为性格的一般特点，但也表现出残忍、诡诈和狂热"。马克思的这段论述正说明了人的一般特点，即人的本质自原始社会就已经诞生。在之后的历史中，人的属性在此基础之上不断增加。

在关于人的发展方面，马克思十分重视。马克思认为，人的发展是与人的本质紧密联系的。人的本质是由人的社会关系、人的需要和生产劳动构成的复杂系统。三者相互作用、共同发展，构成了人的发展。人的发展始于人的基本需要。在满足人的基本需要之后，人由于其主体性和能动性产生新的发展欲求，并从社会关系和生产劳动的基本条件之中获得发展的可能方向，从而获得新能力的发展。

生产劳动是制约人的发展的主要条件。依据马克思的生产力决定生产关系的原理，人生产劳动的条件首先决定了人的社会关系。其次，通过社会关系，人限制了自身的需要，从而制约了人的发展。因此，马克思说人的全面发展有赖于制约生产劳动的生产力的全面进步。

2. 人的全面发展

马克思认为人的全面发展是适应社会能力的全面发展，"人以一种全

面的方式，就是说，作为一个总体的人，占有自己的全面的本质"。人的全面发展是占有自己的全部本质，而人的本质是人的社会关系的综合。因此，人的全面发展就是要全面处理自己的社会关系，发展出能够处理自己社会关系的全部能力。

人的社会关系的总和是包含多个方面的，如家庭关系、工作关系、同学关系、师生关系等。人要能够全面处理自己的社会关系就不仅要掌握一些科学技能，还要有一定的人文思想和意识。因此，从这个角度看，人的全面发展不仅要能够丰富自己的外在世界，还要能够丰富自己的内在世界。

辩证唯物主义认为，动态发展是一切事物的本质特征，人的社会关系也不例外。人的社会关系在人相互作用的过程中是不断变化的，与人的社会关系紧密联系的人的全面发展也是不断变动的。这一点，恩格斯在《反杜林论》以及《社会主义从空想到科学的发展》中早就提到过。

马克思主义认为，人的全面发展还与人的需要紧密相关。人作为一种具有主体性的人，具有多个方面的创造性需求，也就是我们常说的个性需求。在处理人的社会关系的过程中，人还要满足自己的这一需要。放在人的全面发展之上，也就是说，人还要发展出能够适应自己个性化需求的能力。

人的全面发展是与当时社会的生产力紧密联系的。生产力条件制约了人的全面发展的可能性。我们经常可以看到，有些人存在一些空想。我们之所以将这一想法称为空想，并不是因为这一想法不能实现，而是这一想法的实现与当时当地的社会生产力条件不相符。简单来说，就是社会生产力条件限制了这一想法的实现。人的发展始于人的需要，更精确地说是始于人内心的欲求。当社会生产力条件不能满足人的欲求之时，人的欲求就不能实现。因此从整个意义上说，人的全面发展受制于社会生产力。

人的全面发展和人的天赋还是紧密联系的。与人的发展不同，人的全面发展和人的能力有紧密联系。从当前教育学的发展来看，人的能力的诞生除了和其教育条件有关联之外，还与其天赋紧密联系。这一点在霍华德·加德纳的多元智能理论中已得到证实。当人缺乏某一种天赋，或者人的某一种天赋不能得到完全的挖掘就不能实现人这一方面能力的发展。人的天赋是有差异的，因此人的全面发展也是有差异的。

综上可知，每个人的全面发展是有差异的，是与他所处的社会关系、社会生产力条件、天赋等方面紧密联系的。人的全面发展还包含其需要的全面发展，并在社会关系的相互作用中不断变动。

3. 人的自由全面发展

在谈到人的自由全面发展时，马克思如是说："代替那存在着阶级和阶级对立的资产阶级旧社会的，将是这样一个联合体，在那里，每个人的自由发展是一切人的自由发展的条件。"从这一句话之中我们可以看出，人的自由全面发展是建立在每个人的全面发展的基础之上的。

首先，每个人的全面发展说明了人类社会生产力的极大发展，这是人的自由全面发展的一个重要条件。按照马克思的设计，人的自由全面发展只能发生在生产力全面发展的共产主义社会。在当前资本主义制度占主流的国际社会氛围中，虽然一部分人的自由发展已经得到实现，但是这些人的自由发展是建立在其他人的不自由发展的基础之上的。按照马克思的理论，这并不能算作自由全面发展。生产力的极大发展应该保证每个人在发展的过程中有足够的空闲时间发展自己的个性，从而促进人的全面发展。

其次，人的自由全面发展是建立在人类的彻底解放的基础上的，是从人类自必然王国飞向自由王国开始的。马克思认为，社会发展的最终目标是实现共产主义，也就是全体社会成员的自由全面发展。这一点和前文关于人的本质是相互联系的。人的本质是人的社会关系的总和。人要实现自己的自由全面发展首先就要实现自身社会关系的自由全面发展，也就是同自己有紧密联系的人的自由全面发展。因此，人的自由全面发展是同整个社会紧密联系在一起的。按照马克思对共产主义社会的设计，人的自由全面发展是在一个经过设计的集体之中的。这个集体的解放能够实现整个社会和整个人的解放，同时能够消灭阶级、消灭私有制。

（二）马克思主义关于人的全面发展的科学内涵

1. 人的劳动能力的全面发展

马克思在《1844 年经济学哲学手稿》中指出："劳动这种生命活动、这种生产生活本身对人来说不过是满足他的需要，即维持肉体生存的需要的手段。而生产生活是类生活，这是产生生命的生活。一个种的全部特性、种的类特性就在于生命活动的性质，而人的类特性恰恰就是自由的有意识的活动。生活本身仅仅成为生活的手段。"由此可以看出，人的类特性就在于自由自觉性。劳动作为人的根本实践活动创造了人，也造就了人的类本质。因此，劳动能力的强弱和劳动水平的高低直接决定并且反映着人的自由自觉性的发展程度，劳动能力的全面发展成为人的自由全面发展的根本。

2. 人的需要的全面发展

在马克思看来，正是人的需要的发展和需要的不断满足推动着人类和人类社会的文明进步。人的需要是人的意识活动及其他各方面行为活动的内在动力。人的需要是多样的和多层次的，不仅有物质需要，还有精神需要，精神需要中又有发展需要、自我实现的需要等。人们总是在旧的需要得以满足的基础上产生新的需要，从而推动各项事业的发展。所以，马克思指出，人的需要的发展证明了人的本质力量和人的本质的充实。人的需要具有层次性，需要形式的日渐多样，以及需要的不断得以满足，它推动着人的全面发展，进而推动着人类社会的全面进步。

3. 人的社会关系的全面发展

人的本质属性是社会性。人是处于社会关系中的人，人的发展与其社会关系紧密相连。马克思在《关于费尔巴哈的提纲》中指出："人的本质不是单个人所固有的抽象物，在其现实性上，它是一切社会关系的总和。"人是社会的人，总是在一定的社会关系中生存和发展。任何一个人的能力的形成、发展和完善，都离不开特定的社会关系。由此，马克思指出："社会关系实际上决定着一个人能够发展到什么程度。"人的社会关系的发展，是个人形成的社会关系日益普遍化、全面化的过程。每个人都有自己的社会圈，每个人每天都在同他人交往着，只有在同他人交往的过程中，人才能发展，所以说，个人的发展通常取决于与他交往的人。一个人的社会交往程度越高，社会关系越丰富，他的视野就会越开阔，获取的信息、知识、技能、经验就越多，能力的发展就越快，进步就越全面、越迅速。

4. 人的个性的自由发展

马克思将人的发展大致划分为三个阶段：第一个阶段是人对人的依赖，人的个性化特征淹没在畸形的人际依赖关系之中；第二个阶段是人对物的依赖，人在生产力大发展的条件下逐渐摆脱了对人的依赖，人的个性在可以支配的对物的关系上有所发展，却依然不能摆脱对物的依赖关系；第三阶段，人的个性在生产力大发展的前提下出现了极高程度的发展，这一阶段也被称为"自由人的联合体"阶段。从这一个划分标准来看，人的个性发展水平说明了人全面发展的程度。因此，在马克思的理论中，人的个性的自由全面发展是全面发展的最终目标。

第二节 中西方教育思想为新时代思政育人提供借鉴

中西方教育思想与理论是对人类教育智慧的重要总结，对高校思想政治教育理论具有重要的启示作用。在开展高校思想政治教育的过程中，可以将其融入进去。

一、传统文化中的思想政治教育智慧

传统德育思想是我国德育教育的重要内容，也是中华民族几千年历史沉淀下来的思想精华，在开展思想政治教育的过程中，我们一定要将传统道德思想融入其中，激励当代大学生弘扬中华民族传统文化。

（一）先秦时期我国的传统德育思想

1. 先秦时期我国主要的思想流派

殷商时期，奴隶主阶级为了巩固自己的统治，开始以理论的形式研究道德现象。周公创立的以"孝"为核心的宗法政治伦理思想体系，对我国之后"孝"道文化的发展具有奠基作用，周公所创立的"孝"文化的核心是"父慈、子孝、兄友、弟恭"，以此为基础还提出了"修德配命""敬德保民"的德政要求。

春秋战国是我国历史上最为动荡的一个历史时期，正是这种动荡孕育了伟大的社会变革，促成了我国文化、科技以及哲学思想的"大繁荣"，"百家争鸣"的文化盛况在今后的历史中再也没有出现过。

（1）儒家思想

儒家的创始人是孔子，儒家大部分思想都是以孔子的理论认识为基础发展形成的，孔子的学说奠定了我国封建社会伦理学的基础。孔子的思想以"仁"为核心，经过其弟子与后人的传承与发展，成为封建统治阶级进行统治的理论基础，并逐渐成为我国传统文化的重要组成部分。孟轲和荀况是儒家思想的集大成者、发扬者，他们在研究孔子基础理论之后，从新的角度对孔子的思想进行了阐述，完善了儒家思想。先秦儒家思想以"仁"为核心，主张德治，缺点是过分夸大道德的作用，但是它在道德规范、道德范畴、善恶评价、道德修养等问题上的论述至今对我们仍然有启发意义。

（2）墨家思想

墨家是先秦时期一个重要的思想流派，它的创立者是墨子，墨家思想主张维护小生产者，特别是小手工业者和平民的利益，墨家思想的核心是"兼爱"与"非攻"。不同于传统的宗亲礼法制度，墨子主张废除亲疏有别的宗法道德，并提出社会交往应主张以利人为根本，这一主张体现了墨家思想贵义尚利的功利主义特点。

（3）道家思想

道家学派以老子、庄子为代表，与儒家、墨家不同的是，他们主张效法自然，强调避世，反对世俗的道德规范和道德原则，采取脱离人类社会生活的非道德主义态度。当然，道家超世脱俗的人生追求对后世也产生了较大的影响。

（4）法家思想

法家思想曾一度成为我国封建社会的统治思想，从特点上来看，法家思想可分为前期和后期。前期法家在提倡以法治国的同时，还坚持德治，这一时期法家思想的代表人物是管子；后期法家的代表人物是韩非子，他的主张比较激进，如"以法代德"，其实质就是否定道德在社会生活中的作用。

先秦时期是中国传统道德的奠基时代。这一时期的思想，特别是儒家学派的道德思想一直是后来道德学家伦理思想的出发点和前提条件，儒家伦理思想最终发展完善成为在封建社会统治阶级中占据主导地位的道德学说。

2. 孔子的德育思想

孔子的德育思想在我国思想发展史上有着重要的地位，"有教无类"的教育思想始终闪耀着灿烂的光辉。在教育理论和教育实践中，孔子将德育作为教育的基础，主张"德教为先，教而后刑"，并以此为基础构建了"仁德"学说。总结起来，孔子的德育思想主要包括以下两个方面。

（1）德教为先，教而后刑

孔子继承了夏商周时期的教育理论，把对人的道德素质的培养作为教育的重要内容。孔子认为，培养有德行的君子是教育的最终目标，道德教育是整个教育过程中都应贯彻的内容。相对于培养一个人正确的政治观念来说，其道德观念的培养更加重要。

在教育实践中，孔子提出了具体的培养目标和道德教育的任务，那就是培养"仁智统一"而"内圣外王"的圣贤人格，即孔子所向往的高尚人格，是"圣人""贤人""志士""仁人""君子"等。其中，"圣人"居于最高层次，"君子"居于较低层次。

孔子对君子的道德标准具体可归纳为以下五个方面：君子必须具备"仁德"，君子和而不同，君子"达"而"闻"，君子自己要行为端正，君子要"修己""安人""安百姓"。

（2）仁德学说

孔子对夏商周道德教育的内容进行了拓展，提出了仁德学说，认为"仁"是道德教育的最高目的，并确立了一个完整的道德教育体系。"仁"是众德之总，其心理内容是"爱人"，并且只有通过自我努力才能形成道德修养提升的内在推动力。

首先，推己及人。孔子在道德教育中提倡忠恕之道，即尽己之心以待人和推己之心以及人，所谓"己欲立而立人，己欲达而达人"。认为人心是相同的，己所不欲，勿施于人。

其次，慎言而敏行。孔子指出，"敏于事而慎于言"，"讷于言而敏于行"，以及"言中伦，行中虑"。孔子教育人们要少说空话，多干实事，努力将道德行为准则付诸实践。

再次，因材施教。孔子因材施教的主张主要有两层含义：第一是针对不同的教育对象注入不同的教育内容，第二是针对不同的教育对象施行不同的德育。每个人的个性、经历以及对知识的敏感程度都不相同，不同性格以及智力水平的人需要不同的教学方法才能获得良好的效果。

最后，启发诱导。孔子反对单纯说教的教育方法，他认为只有激发学生的学习欲望才能让他们真正地学到知识。孔子主张采用启发诱导、循循善诱的方法，强调"不愤不启，不悱不发，举一隅不以三隅反，则不复也"。

启发诱导反映到现代教育实践中也具有很高的应用价值，即在教学过程中要避免"填鸭式"的内容灌输，通过学习内容的趣味性、教学手段的合理应用以及对学生心理特点的把握，引导学生形成道德认知，发展道德情感，激发其内在的学习自省动力，养成道德行为。

（二）秦汉时期我国的传统道德思想

在秦汉时期，我国的传统道德思想领域"百家争鸣"的局面已经结束，儒家思想赢得了统治者的青睐，成为地位最高、影响最大的思想学说。

秦王朝建立以后，统治者吸取了法家"专任刑法"的法治思想，以严刑峻法维护统治、巩固政权，结果被农民大起义所推翻，统一局面仅仅维持了 15 年。

取秦而代之的汉王朝意识到严刑峻法不是巩固统治的良药，而将道德、教化作为统治民众、稳定社会的基础，因此儒家思想开始逐渐进入统治者的视野，并成为封建社会的统治思想。西汉初期出于恢复民力、休养生息的目的，统治者推崇"无为而治"的道家学说，在社会状况好转之后汉武帝采纳董仲舒提出的"罢黜百家，独尊儒术"的建议，正式将儒家思想确立为统治思想，特别是以仁义道德为核心的伦理思想成为封建统治的正统。儒家伦理思想独尊地位的确立，适应了时代的需求，也符合统治者的统治意愿，因为儒家思想为大一统统治提供了足够的道义上的支持，这也是历代统治者大都尊崇儒家思想的根本原因。

董仲舒的儒家思想并不是单纯的儒学思想，而是以先秦时期孔孟的主要思想和理论为基础，吸收道家、法家、阴阳五行学说以及神学思想形成的一种带有目的性的思想理论。董仲舒曾说："王者欲有所为，宜求其端于天。天道之大者在阴阳。阳为德，阴为刑；刑主杀而德主生……以此见天之任德不任刑也。"在这里，董仲舒用"天道"推演"人道"，把仁政德治作为王道政治的根本原则。儒家思想将帝王作为上天神圣统治的代言人，"合理合法"地确认了封建君主的统治地位。此外，董仲舒还提出"三纲五常"的思想，这也成为自汉朝以来我国道德教育的中心内容，他的"重义轻利""以仁安人，以义正我"和"必仁且智"的道德教育心理学思想成为个体道德修养的基本原则和方法。

两汉及以后的统治者看到了这一思想稳定社会的重要作用，于是极力推崇经过董仲舒改造的儒家思想，并确定为国家选用行政人员的主要依据。因此，在以后的社会，上至君王百官，下至普通百姓，都愿意自觉学习和实践儒家的道德思想。儒学伦理思想作为封建统治阶级正统道德理论，在人们的社会生活中发挥了其独尊的作用。

（三）魏晋隋唐时期我国传统道德思想

这一时期社会动荡，儒家、道家、佛家思想相互斗争，相互融合。

这一时期社会局势比较混乱，只有更好地控制人们的思想才能保证统治的稳定性，出于这一考虑，统治者开始利用宗教文化来稳定臣民、发动战争。另外，统治者之所以推崇名教还有一个重要的原因，即通过名教来为统治阶级放荡不羁、荒淫无度的腐朽生活方式作辩护。随着当时中国社会的经济发展、民族融合、文化交流和教育变革，适合封建门阀士族统治需要的"玄学"思想开始出现，他们以"三玄"，即《老子》《庄子》《周易》为主要研究对象，在伦理道德方面主要是论证"名教"与"自然"的统一。

魏晋玄学的盛行、玄学的传播依赖于当时的佛教，玄学与佛教有着密切的关系。佛教宣扬因果报应、转世轮回，主张"出世"，超脱现实，提倡修行成佛，认为今世的苦难是下世的福荫。大乘空宗的佛学思想与道家玄学思想类似，因此，许多佛教徒借助玄学传播佛教。同时，门阀士族为了巩固其统治和愚化百姓的需要，大力推崇佛教，因此，这一时期佛教得到迅速的发展，成为一股重要的宗教力量。

这一时期也出现了以范缜为代表的无神论者，他们从形神关系入手对佛学思想的理论基础——神不灭论进行了批判。而且由于佛教与儒家伦理道德格格不入，也引发了佛教与儒家礼教纲常的矛盾，产生了儒家的世俗道德与佛教的宗教道德之间的斗争。为此，佛教也力争调和儒、佛，强调佛教教义、佛教的人生哲学与儒家伦理道德的一致性和互补性。魏晋时期随着玄风的盛行、佛教传播，在伦理思想上出现了儒、道、释三家既相互斗争又彼此吸收的复杂格局，这种状况也直接影响了隋唐时期的伦理思想。

总之，魏晋至隋唐时期的伦理道德思想的突出特点是儒、佛、道三家在相互斗争的过程中相互吸收，趋向合流。

（四）宋明时期我国传统道德思想

宋明时期，"存天理，灭人欲"的道德理性占据主导地位。

从宋代开始，中国封建社会进入后期发展阶段，社会矛盾较为尖锐和复杂。统治者为了强化自己的统治，缓和各种社会矛盾，极力维护封建道德纲常，原有的思想已经很难维护矛盾丛生的封建统治，因此理学伦理思想应运而生。

从基本立场上来看，理学使儒家伦理思想获得了完备的理论形态，并以新的形式重新取得了"独尊"地位。理学本宗孔孟儒学的立场，以继承儒家传统为出发点，又吸收佛、道思想，在道德的本原、人性论、理欲观、理想人格的培养等方面集儒、佛、道于一体，以"理"为最高范畴。以"存天理，灭人欲"为基本纲领，形成了更系统更精致的封建伦理思想体系，也使儒家伦理思想的发展达到了最高阶段。

"存天理，灭人欲"是理学各派别的共同思想纲领，其目的是以禁欲主义的思想强化封建礼教，反对农民阶级"均贫富"的要求，维护封建纲常伦理制度。"存天理，灭人欲"是理学伦理思想所推崇的理想人格标准，朱熹认为要通过"居敬穷理"的学者功夫，使用"学、问、思、辨"、知先行后的方法，达到格物致知。朱熹明确指出："知行常相须，如目无足不行，足无目不见。论先后，知为先；论轻重，行为重。"显然，从道德发展的顺序上，朱熹是认为"知先于行"的，因此，他根据这个特点提出了道德修养的基本顺序，即"博学、审问、慎思、明辨、笃行"，进而又提出了"博约相济、积累渐进、日用切己、温故知新"的道德修养原则，形成了儒家道德理学观思辨的理论体系。理学伦理思想中关于知行、"格物致知"的争辩，把传统道德修养理论推向一个新的发展阶段。

在明代，程朱理学的社会作用得到统治者的广泛认可，在较长一段时间内都对人们的思想具有较为强大的束缚作用。明代理学家薛瑄在朱熹思想的基础上对理学进行了进一步发展，提出了"实得而力践之"和"下学人事，上达天理"的道德修养原则，强调要将理学的道德思想转化为自身的实践活动。另一位理学家吴与弼则把朱熹的理学思想与陆九渊的心学思想相结合，把从先秦时期到宋代的儒家学说都归结为"存天理，灭人欲"的圣贤之学，主张要"学为圣贤"。其主要方法是："学圣人无他法，求诸己而已。"因此，他认为："欲到大贤地，须循下学工。文章深讲贯，道德细磨著。"显然，这种"静观涵养"和"洗心"、"磨心"的道德修养方式，是理学和心学的一种独特结合。

（五）明清时期我国传统道德思想

明末清初，社会和阶级矛盾日益突出，中国封建社会的发展开始步入晚期，并逐渐走向衰败。明中叶以后，我国开始有了资本主义的萌芽，然而却受到封建专制主义的压制。封建统治者实行高压政策，横征暴敛，阶级矛盾空前尖锐，最终导致李自成和张献忠领导农民发动大起义。满族贵族的入侵，更使民族矛盾日趋严重，以程朱理学为代表的封建伦理思想虽然仍处于正宗地位，但其专横、腐朽的思想统治，不仅禁锢了人们的思想，更为严重的是阻碍了社会的发展，给整个民族带来了危害。在这种特定的历史条件下，一批进步的思想家，如李贽、黄宗羲、王夫之、顾炎武、颜元等人，对以程朱理学为代表的儒家学说进行了一定程度的批判，对统治中国千百年的儒学经典的统治地位形成了强烈的思想冲击。在道德伦理问题上，他们把道德与功利、天理与人欲统一起来。虽然他们的观点各异，批判侧重点也有所不同，但是他们都以程朱理学为代表的封建伦理思想为批判对象，带有反封建的启蒙意义。这些观点对近代乃至当代道德教育都产生了重要影响。

二、思想政治教育学对西方相关教育理论的借鉴

国家对民众进行思想政治教育，以维护政权和社会的稳定，是一种必然的、普遍的社会现象。西方国家的思想政治教育具有显著的西方特色，是西方资本主义政治、经济、文化制度长期孕育的产物，是为西方国家的政治、经济、文化制度服务的。

（一）古代西方教育理论

1. 苏格拉底：美德即知识

苏格拉底（前469—前399）是古希腊伟大的思想家、哲学家，西方伦理道德史上第一个道德教育家，西方教育理论的开创者。其德育思想与其哲学观点密切相关，在西方哲学史上，他最早实现了从关注自然到关注人的伦理学转向。他认为，教育的目的是发展人，以培养出具备高尚品德和渊博知识的人才。其"美德即知识""认识你自己"等命题以及"产婆

术”教学法都为思想道德教育领域提供了丰富的思想源泉。

2. 柏拉图——理想教育模式

柏拉图是"三师徒"中承上启下的人物，其哲学著作《理想国》包含着他全部的道德与哲学的教育理论。在《理想国》中，柏拉图以一个完美国家的构建为目标，系统地阐述了自己理想的教育模式。

首先，柏拉图认为知识和德行都是先天的来自人自身的"理念"。柏拉图认为世界分为现实世界和理念世界，现实世界是理念世界的投影，理念是事物构建自身的本质。在理念世界中，人以灵魂的状态存在，由不同的材质做成；在现实世界中，人的知识来自对理念世界的回忆。因为灵魂材质的不同，人在现实世界回忆知识的多少也不相同。因此，柏拉图认为人的天赋是影响人获得知识的重要因素，只有具备一定天赋的人才能够接受相应的教育，才能够担任相应的社会职位。这些观点构成了柏拉图理想国中道德教育思想的理论基石。

其次，在其理念的影响下，柏拉图认为理想教育模式的德育路径是天生、实践的学习。教育的目的在于引导人们从现象世界转向理念世界，实现理念的回复，从而接近自身所能接触的最高的善。他认为，德育路径是天生、实践与学习。在实践方面，柏拉图尤其重视对儿童习惯的影响和培养，注重在德育过程中环境对人的潜移默化的影响，尤其是在人的幼年和青年时期。

3. 亚里士多德：美德乃是中庸之道

亚里士多德是古希腊百科全书式的人物以及教育思想和教育经验的集大成者。亚里士多德对道德教育做出了比较全面和系统的阐述和论证。他提出的教育必须适应人的自然发展原则、必须按年龄特征来划分受教育阶段，是最早的应该关注受教育者的理论。

首先，亚里士多德没有完全继承柏拉图的理念，他认为，任何事物都是质料和形式的统一，人也不例外，人在质料上表现为身体，在形式上表现为灵魂，身体和灵魂是和谐统一的。他认为，人之所以为人，在于其理性灵魂的发展，教育的目标就在于追求理性，培养优良的公民，治国安邦，并促进个人幸福。亚里士多德提出了"白板说"，认为人的灵魂就像一张白纸，知识经过感觉进入人的意识之中，不断完善人的理性灵魂。

其次，亚里士多德提出了"美德乃中庸之道"。他不赞同苏格拉底"美德即知识"的观点，认为知识对美德来说是必要的，却不是唯一的条件，知识只是人的道德行为的指导，美德的形成必须知行统一。他提出，道德教育的最高境界是达到中庸，"事物有过度、不足和中间，德行的本性就是恰得其中间"。

再次，亚里士多德认为影响道德教育的因素主要有天赋、习惯及理性，并称之为道德教育之"三端"。他认为，天性固然是美德养成的一个重要因素，但是付出时间进行教育之后养成的习惯以及教育之中获得的理性更是完善美德的重要因素。亚里士多德在这里强调了过程的重要作用，他认为人的美德都是缓慢发展而来的。

4. 昆体良：雄辩家教育思想

昆体良是西方古代教育的集大成者，其 12 卷巨著《雄辩术原理》说明他是西方历史上第一个全面论述教育的西方思想家。《雄辩术原理》全面地总结了古希腊、古罗马的教育思想和教育经验，系统地论述了年轻一代的教育问题。他认为道德素质是理想的雄辩家所应具备的首要素质，提出了适应自然的道德教育方法。

第一，昆体良把道德培养看成雄辩家教育工作的首要任务，强调道德教育的作用。昆体良认为，优秀的雄辩家首先应具有崇高的品德，高尚的德行要比优秀的才能更加重要。他不仅把道德培养摆在教育工作的首要位置，更强调教育在个人道德品质形成过程中的重要作用。昆体良主张把道德原理作为学校的主要课程，并且很有创见地提出了学前教育、初等教育、中等教育和高等教育四个阶段的全部教育问题，并在各个阶段都安排了相应的德育内容和德育方法，以期通过循序渐进、须臾不可间断的德育，使学生获得正义、善良、节制、刚毅、机智等品质，成为一个有德行的人。

第二，昆体良提出了教育应适应自然的原则和方法。"鸟生而能飞，马生而能跑，野兽生而凶残，唯独人生而具有敏慧而聪颖的理解力。"昆体良也承认天赋差异的存在，主张教育应顺应人的自然天性，在此基础上，他还提出了一些重要的道德教育原则。首先，教育应及早开始。"愈是年龄小，头脑就愈易于接受小事情，正如只有在身体柔软的时期，四肢才能任意弯曲，强壮本身也同样使头脑对大多数事物更难于接受。"其次，教育应因材施教。"应当首先弄清他（学生）的能力和资质"，并要"善于精细地观察学生能力的差异……因为每个人的才能的确有不可思议的差别。人心不同各如其面"，因而要在"教学中适合个人的特殊情况和需要，使每个学生都能发挥各自的长处"。再次，昆体良提出了教学应当遵循循序渐进的原则。他认为优秀的教师应首先了解学生的个性及能力，尊重学生的理解能力、接受能力，与学生的天性密切结合，相辅相成，相互促进，更好地开展教学工作。

第三，昆体良高度重视教师在思想道德教育中的作用。他认为教师在教育中应才德俱优，言传身教，为人师表；教师应具备渊博的知识、澎湃的激情、高超的教学艺术；教师在教学中应运用激励、赞美的方式激发学生积极向上的积极性，教师不仅要知识渊博，还应该讲究教学艺术，寓教于乐，形式多样，尽量采用启发式教学，特别要反对体罚，主张用激励、赞美的方式来激发学生积极向上的积极性；教师应当遵循自然教育原则，深入了解学生的心理特征、个性、才能和倾向，更有针对性地组织教学。

（二）近代西方教育理论

1. 洛克：绅士教育思想

约翰·洛克是英国近代史上最重要的一位哲学家、政治家和教育家，其教育名著《教育漫话》中所提出的绅士教育思想标志着英国从封建教会教育到资产阶级世俗教育的转变，适应了当时新兴的资产阶级的社会需要，奠定了英国近代教育的思想基础。洛克是新兴资产阶级的代表，培养绅士是洛克教育思想的最高目标。他认为真正的绅士应具备"德行、智慧、礼仪和学问"四种精神品质。

（1）洛克绅士教育的理论基础和内容。洛克认为"我们日常所见的人中，他们之所以或好与坏，或有用与无用，十分之八九都是由他们的教育所决定的。人类之所以千差万别，便是由于教育之故。"根据绅士教育的目的，洛克主张从德智体三个方面系统地对绅士进行教育。他最重视体育，认为一个健康的身体是绅士从事工作的基础；其次是德育，洛克认为良好的德行是绅士的灵魂，智育则是对绅士一切活动的辅助。在德行教育方面，绅士的德行应该具备两个方面的内容：①理智，因为一切道德与价值的重要原则及基础在于顺从理性所认为最好的指导来克制自己的欲望，所以德行首先是自制力的培养，即培养坚忍的性格以使自己的言行符合社会的道德规范；②礼仪，礼仪意味着良好的举止和行为或态度，美德固然是精神上的一种宝藏，但使其焕发光彩的是良好的礼仪。

（2）洛克绅士道德教育思想的原则和方法。洛克认为："导师不只应该进行劝导谈论，而且应该利用教育的工作技巧，把它提供给心理，把它固定在心田里面。"在德育的原则和方法上，洛克提出了以下几点理论。第一，道德教育应顺应自然和理性约束。洛克认为，教育要符合儿童"心性"，要根据儿童的个别差异因材施教。同时，人是具有理性的动物，要通过规范约束、习惯养成使其长大后能自觉接受理智的规范与约束。第二，道德教育应及早实践，及早训练。幼儿未接受任何的知识，心智未开，最容易接受基本的道德原则，而且会受益终身。第三，道德教育应宽严有度和奖罚得当。洛克认为，对孩子既要亲近又要让他有所敬畏，只有宽严结合且有度，才能使其遵守规范。奖励主要是称赞和鼓励，重在培养人们的荣誉感，而非物质奖励，惩罚特别是体罚，应尽量少用。第四，道德教育应该综合运用说理、习惯养成与榜样教育的方法。洛克认为，由于人是理性的动物，说理是对待人们尤其是对待青少年的真正办法。他还主张在说理的同时遵循相应的规则，通过反复练习养成习惯，而一旦养成良好的习惯，就不需要死记规则，道德就形成于自然。在各种教育方法中，树立榜样是最简明、最容易而又最有效的办法，因为榜样示范符合儿童模仿性强的特点，其教育力量较之口头说教要大得多。

2. 卢梭：自然教育理论

让-雅克·卢梭是自然教育思想的主要代表人物，其教育名著《爱弥儿》在教育史上具有划时代的影响，要求培养反封建的资产阶级"新人"，主张教育应适应自然，培养适应新资产阶级要求的自然人。

首先，自然教育原则是卢梭德育思想的基本法则。在卢梭看来，人的教育来自三个方面，"或是受之于自然，或是受之于人，或是受之于事物。我们的才能和器官的内在的发展，是自然的教育；别人教我们如何利用这种发展，是人的教育；我们从影响我们的事物获得良好的经验，是事物的教育"。自然是人的自然本性，事物的教育实质上是环境教育，对于环境教育人们可以有所把握，人的教育完全取决于人，但"每个人的心灵有它自己的形式，必须按它的形式去指导他；必须通过它这种形式而不能通过其他的形式去教育，这样才能使你对他花费的苦心取得成效"。因而自然的教育是人所不能办到的，必须在最自然的环境中方能实现。

其次，卢梭提出了自然教育分期理论和德育内容与方法。自然教育原则要求教师顺应儿童天性发展，这就必须考虑两个方面的内容：第一，要考虑人的发展的自然进程，并以此确定教育目的、内容和方法；第二，要考虑人的天性中有善良和自爱的情感。而道德教育主要是与人的情感相关联的教育，所以道德教育的关键在于把人们天性中的自爱发展为博爱的情感。在自然教育分期方面，卢梭认为自然教育可划分为四个时期：幼儿期、儿童期、少年期、青年期。在《爱弥儿》中，卢梭对四个时期的教育重点都有所论述。他强调教育应该逐渐从自然走向社会，培养能够承担"自然后果"的社会人。另外，自然教育原则在卢梭的道德教育思想的体现，可以概括为道德教育以情感培养为主要内容，以实践活动的学习为重要路径。一方面，要让受教育者在自身成长和教育中处于主导地位，要遵循由浅入深、从具体到抽象的道德观念发展规律，从习惯养成着手，到培养道德情感、道德意志，依次递进。另一方面，要从活动中学习。卢梭反对道德说教、死记硬背以及严格的纪律，强调要以行动而不以言语来实施教育。

3. 康德：实践理性的教育思想

伊曼努尔·康德是德国古典哲学的创始人、伟大的伦理思想家、理性主义教育思想的主要代表人物。康德的道德教育思想主要体现在他的《实践理性批判》《道德形而上学原理》《教育论》等著作中，与其批判哲学有着密切的关系，他强调思辨能力的训练，提倡实践理性的道德教育思想。

首先，康德把道德教育视为自由的实践理性领域。康德把世界二分为现象界和本体界，认为现象界是被理论理性（知识）规范化了的现象总体，理论理性是人为自然立法，而人必须服从于自然法则，因而现象界是必然的自然领域。本体界即物自体，是超出经验、不被知性所规定的存在，实践理性是自由意志，是人为自身立法，因而可以超越认识界限达到本体界，本体界是自由的实践理性领域。在康德看来，道德就是自由的实践理性领域，其中，人遵循自由意志，自我立法自我遵守，既是自由的也是自律的，所以康德的伦理学基础依赖于人的理性，凸显人的价值和尊严，"人要为自己的完善和他人的幸福负责"就成为康德道德法则中的"绝对命令"。进而言之，人是道德教育的终极目的，道德教育也是自由的实践理性领域。康德认为实现道德教育是从他律到自律的过程，自律是道德教育的唯一原则，道德教育应使道德法则成为人的内心法则再外显于实践行动，因而，培养道德主体的主体性成为康德道德教育方法的出发点。

其次，康德的道德教育方法论是实践理性的。人为自然立法进入知识领域，人为自己立法进入道德领域，亦即实践理性的领域，这就意味着知识能够通过灌输和训练进行，而道德教育最终要靠个人实践理性的力量来实现。康德的实践理性道德教育方法论可以分为四个层面。一是训练道德判断力，在康德看来，人的理性中有一种喜欢对道德问题做最精确考察的倾向，教育者要善于引导并运用这种倾向，促使受教育者对各种行为的道德内涵进行评判，区别实际行为中的不同责任，从而锻炼并奠定道德判断力。二是利用实例教育来培养道德意向的纯粹性，道德判断、理性意识的训练只是基础，道德指向人的自由意志，意志的完善性要求道德行动应来自道德意向的纯粹性，所以要通过实例展示道德意向（自由意志）的纯粹性，训练受教育者对义务的敬重，达到意志的完善性。三是采取苏格拉底的"产婆术"教学方法。康德认为，既然道德指向内在的自由意志，道德自律靠的是个人的内在的实践理性的力量，那么实践理性的道德教育方法也是自由的，不是强制的，是批判的，不是独断的，所以康德十分推崇苏格拉底的教学法。四是通过实现伦理共同体的联合来达到道德的至善。

康德把道德教育领域看成自由的领域，力图摆脱道德教育的工具价值，他强调在道德教育中发挥人类的理性意识，强调道德思辨能力训练，他提供的实践理性方法是一种尊重人的主体性、自律的道德教育方法论。

4. 赫尔巴特："五种道德观念"学说

约翰·弗里德里希·赫尔巴特是主知主义教育思想的主要代表人物，也是第一个把教育科学化的教育学家。在道德教育方面，他认为，教育唯一的和全部的工作都可以归结于道德，道德是教育的最高目的，道德教育的目标是培养具有内心自由、完善、友善、正义和公平"五种道德观念"的完人，教学是道德教育最基本的途径。

首先，赫尔巴特以五种道德观念学说为核心内容的实践哲学构成了其道德教育思想的一个基础。他认为，"五种道德观念"构成人类的道德基础，是维持社会秩序的永恒真理，为此，其实践哲学的核心就是"五种道德观念"。内心自由是道德要求的首要因素。个人内心的理性判断驾驭自身的意志和行为，避免受外界因素的干扰和内心欲望的摆布，达到个人意志、行为与理性的协调一致。如果个人不能实现自己内心的自由，就要依靠完善和友善的观念，和谐处理自己与他人、与社会的矛盾。在与人起冲突时，个人应坚持公平正义的观念，克己守法，维持社会公平有序。

其次，观念心理学构成了赫尔巴特道德教育思想的另一个理论基础。赫尔巴特承袭苏格拉底"美德即知识"的观点，把道德归结为"观念"，进而归结为知识。他认为教育领域的大部分问题都是因为缺乏对人内心的认知，于是第一个明确提出教学要以心理学为基础。在哥廷根大学研究期间，他确立了自己的观念心理学，把观念看成是人的全部心理活动的基础。观念心理学的另一个基本概念是统觉，认为旧观念被新观念所同化和吸收、新旧知识实现融合就是"统觉"，任何观念、概念乃至知识的形成都是"统觉"的过程。

再次，赫尔巴特通过划分管理、教学、训育三个阶段来实现自己的道德目标。他认为，道德教育是全部教育的核心，为把道德认知灌输于儿童的认识之中，应把道德教育分为不同的阶段。其一，管理是教育过程的前提、教学的基本条件，应通过管理使儿童从小养成守秩序的习惯。其二，教学是实施道德教育最基本的途径。赫尔巴特十分重视教育教学，他认为："教学如果没有进行道德教育，只是一种没有目的的手段；道德教育如果没有教学，就是一种失去了手段的目的。"其三，赫尔巴特认为道德教育是品格教育，即通过训育形成性格的过程，所以道德教育既要与儿童管理和知识教学相结合，又要发挥训育的特殊作用。

5. 涂尔干：社会道德教育

埃米尔·涂尔干是功能主义教育思想的主要代表人物。他第一个把道德作为社会现实，用社会学的研究方法来研究道德，把世俗道德从宗教道德中分离出来。

第一，涂尔干提出了道德三要素理论。在《道德教育》导言中，涂尔干提出道德教育应该建立于以理性为基础的世俗道德，"我们必须发现那些长期承载着最根本的道德观念的宗教观念的理性承载物"。他认为世俗道德是由纪律精神、牺牲精神（对社会群体的依恋）和知性精神（自主或自决）三个要素组成的。他从社会学的眼光来看道德教育，认为首要要素就是纪律。道德包含常规性和权威性，是规范的两个特征，这就是纪律的概念。道德的次要要素就是个人对社会群体的依恋。他认为："如果人要成为一种有道德的存在，他就必须献身于某种不同于他自己的东西，他必须感到与社会一致……道德的起点就是社会生活的起点。"道德的第三要素就是道德的知性。涂尔干认为，道德良知需要的是行之有效的自主性，而科学是我们自主性的源泉："我们只能以与我们征服物质世界相同的方式来征服道德世界：创建一门有关道德问题的科学。"

第二，在涂尔干看来，道德教育的目的就是培养儿童使之具有道德三要素。他以纪律作为考察的起点，认为正是通过对学校纪律的实现，我们才得以在儿童内心灌输纪律精神。学校是个体品德社会化的合适环境，"学校在儿童道德教育中所负有的任务，能够而且应该成为最重要的工作"，而小学阶段是儿童离开父母开始进入集体生活的时期，因而是最合适的道德教育年龄阶段。

第三，涂尔干还专门讨论了学校道德教育中的几个问题。首先，在儿童的心理特点与纪律精神的培养问题方面，他认为儿童心理既有流动易变和情绪化的特征，又有习惯性和易受暗示性的特点，教师应恰当运用这两个方面的特征，培养儿童的天性。其次，在教师权威的问题方面，他认为教师是他的时代和国家伟大的道德观念的诠释者，他必须有果敢的意志力，对自身职责有神圣的庄严感。再次是学校道德教育中惩罚与奖赏的问题。"为纪律赋予权威的并不是惩罚，而防止纪律丧失权威的，却是惩罚。"另外，涂尔干提出了道德教育和道德教学、道德现实与道德理想、道德原则等概念的区别。他认为，道德教育重在形成习惯、唤起情感和激发行为动机，即培养纪律精神和牺牲精神，而培养道德的知性精神关键在于道德教学，道德教学是"对（道德）规范本身、规范的根源以及存在理由进行符号解释……教授道德既不是布道，也不是灌输，而是解释"。

（三）现代西方教育理论

1. 杜威：实用主义道德教育思想

约翰·杜威的实用主义教育思想不仅对美国，而且对世界许多国家的学校教育都曾产生过广泛而深刻的影响。杜威的思想是以传统的赫尔巴特教育思想为对立面形成并发展的，建构于其哲学思想中的实用主义经验论、机能心理学和民主主义的理论基础上，强调教育与生活、学校与社会的联系，强调实践教学。学校道德教育理论是杜威实用主义教育理论的重要组成部分，主要体现在他的《教育中的道德原理》《学校与社会》《中学伦理学教育》《民主主义与教育》等论著中。

首先，"教育即生活"与"学校即社会"是杜威教育思想中的两个基本观点。他认为，教育是经验不断改造的过程，是经验的生成、生长过程，最好的教育是从生活中学习、从经验中学习，所以"教育即生活""教育即生长"。另外，教育是一个社会生活过程，学校生活就是社会生活的一种方式，学校必须为儿童呈现现实的社会生活，因而学校应该是一个雏形的社会，"学校即社会"。杜威认为，思想道德教育的目的是培养社会的良好公民。他反对传统道德教育脱离现实生活进行纯道德观念的传授，强调教育应与生活和社会保持一致，因为"只有当学校本身是一个小规模的合作化社会的时候，教育才能使儿童为将来的社会生活做准备"。这就意味着，学校思想道德教育的内容要以社会生活为主。

其次，"以儿童为中心""从做中学"是杜威实用主义道德教育的基本原则。杜威认为，教育的基本原则应该是"以儿童为中心"和"从做中学"。"以儿童为中心"就是一切以儿童为出发点，以儿童为目的。儿童教学必须从心理学的基础上探索儿童的本能、兴趣和习惯，都应该服从于儿童的兴趣和经验的需要。"从做中学"，就是"从活动中学""从经验中学"。按照这两个基本原则，杜威认为学校道德教育要采取间接的道德教育途径，即将道德教育寓于学校生活、各类学科的教学和日常学习生活实践中，特别是要通过儿童参加各种活动和社会实践来加强道德训练。他提出了两种学校道德教育方法。一是要以探究、商量和讨论的方法来代替传统教育中强制性灌输的方法，这是"以儿童为中心"的必然诉求。二是"从做中学"，即社会实践的道德教育方法。他认为通过社会实践可以避免传统道德教育空洞说教、强行灌输而导致的知行脱节的弊病。

2. 苏霍姆林斯基：个性全面和谐发展

苏联教育理论家苏霍姆林斯基一生辛勤工作，致力于教育理论和教育实践的创造性探索，其教育思想来源于教育实践，对世界教育领域都产生了广泛的影响。苏霍姆林斯基认为，学校教育的目标就是培养社会主义新社会的公民和"个性全面和谐发展的人"，和谐全面发展的核心则是高尚的道德。

按照苏霍姆林斯基的个性全面和谐发展理论，道德教育必须遵循以下四条基本原则。其一，必须尽量使人们丰富多样的才能、天赋、兴趣和爱好等个性特点充分发挥。这就要求教师尽可能了解孩子的个性特点，因材施教。其二，集体的道德素质是个体道德素质的源泉。由于外部环境是学生精神生活的决定因素，学校集体是学生的外部环境，所以苏霍姆林斯基强调集体教育，重视学校集体对学生道德教育的特殊作用。其三，在德育中要重视培养学生的自我教育能力。苏霍姆林斯基认为，只有激发自我教育的教育才是真正的教育，在建立丰富多彩的集体生活的基础上，教育的关键就在于，要激发学生良好的精神状态以及自我教育的愿望和要求，只有通过儿童自我教育、自身努力，才能形成良好的道德品质。其四，宽恕优于惩罚，惩罚必先教育。在苏霍姆林斯基看来，惩罚要少用、慎用，惩罚的目的在于教育，惩罚必先教育才有意义，只要儿童不是故意作恶，一般都不应给以惩罚，在这种情况下，恰恰可以通过宽恕触及儿童自尊心的敏感部分，使其产生改错的意愿和积极性。无疑，这些原则对现在来说也是很有益的。

在具体实施德育的过程中，苏霍姆林斯基认为这些方面非常重要：第一，要注意儿童良好道德习惯的培养。童年是道德习惯养成的关键时期，我们必须重视道德教育，使儿童逐步认识社会的道德准则，尽早养成良好的道德习惯。第二，要注意培养儿童丰富的道德情感。他认为，道德情感乃是"道德信念、原则性和精神力量的核心和血肉；没有情感，道德就会变成枯燥无味的空话"。第三，要帮助儿童树立坚定的道德信念。苏霍姆林斯基深刻认识到，道德信念是道德发展的最高目标，德育就是要在儿童的心目中把道德概念变为道德信念，只有当道德行为形成道德习惯并最终成为儿童内心信念支配下的行动时，儿童才能够把道德行为、道德习惯、道德情感和道德意识全部融为一体，才能称得上形成自己的道德品质。

第三章

新时代高校思政理论课的建设

随着时代的发展、科技的进步以及高等教育改革的深入，以大学生为主体的高校思想政治教育工作发生了一系列变化，思政教育环境越来越开放，思政教育对象越来越个性，思政教育载体越来越多元，以互联网为代表的信息传播技术在给高校思想政治教育带来机遇的同时也带来了巨大的挑战。

一、高校思政课面临的机遇

（一）高校思政课教学的时间和空间得以扩展

当前互联网无时不在、无处不在，这一特点极大地改变了大学生获取信息和表达观点的方式，使得高校思政课教学的时间和空间得以扩展。一方面，传统的思想政治教育活动主要是在教室、会议室等有老师的地方才能进行，教育活动的实施空间固定有限，而且都必须集中在教育者和学生都能到场的固定时间，很难在最大限度上减少老师和学生的时间冲突，充分利用起零散、碎片化时间段。互联网的发展为思想政治教育提供了更为便捷且灵活的渠道，只要通过移动终端接入互联网，老师和学生之间便可以随时随地进行交流沟通，不受时间和空间的限制。另一方面，传统课堂上的教育载体，包括电视、计算机、平面传媒等，由于受自身实体限制，即便是在课堂上也很难被学生充分共享，更不可能做到课后随时随地被学生享用。而通过移动互联网网络连接，每一部手机都可以成为一台小型电脑，学生通过手机终端接入互联网不仅能立刻获取海量信息，而且能通过手机内存卡将自己觉得最有价值的信息进行下载存储，移动互联网充分地实现了学生与老师之间的资源共享。

（二）高校思政课教学的内容得以丰富

作为全球最大的信息资源库，互联网上的内容涉及政治、经济、军事、文化、科技、教育、体育、卫生、娱乐等社会生活的各个领域。网络的开放性使得教育者可以利用网络及时获取丰富的教育资源和了解国内外先进的教育科研成果，受教育者可以根据自己的兴趣和需要浏览和下载相关信息。互联网的资源共享性使得不同国家、不同地区、不同组织、不同领域的思想政治教育组织之间可以共享相同的教育资源，从而扩大了思想政治教育的覆盖面，实现了思想政治教育资源利用的最大化。在这个意义上，"互联网+"真正实现了"网络有多大，思政课教学的舞台就有多大"。

（1）互联网上的海量信息为大学生思想政治教育工作者提供了一个空前博大的资源库。凡是有利于开展大学生思想政治教育工作的信息资料、政策文件和工作经验都可以找到和被吸收利用，这极大地丰富了大学生思想政治教育工作的内容。有关资料表明，网上数据库资料总量已达到100亿条以上，内容涉及政治、经济、文化、军事、科技、教育等方面，应有尽有。它开阔了人们的眼界，丰富了人们的生活，促进了人类文明成果的大交流和世界文化的大创新。这些新的人类文化成果，丰富了大学生思想政治教育的内容，拓宽了思想政治教育工作者的文化视野，形成了新的思想政治教育环境。随着网络建设的进一步发展，大学生思想政治教育工作信息来源渠道还会进一步拓宽。

（2）互联网的信息共享特征，提高了思想政治教育资源的传播和利用率。目前我国的思想政治教育资源仍然比较紧缺，比如在师资方面，重点院校与普通院校存在很大的差距。以前，思想政治教育资料信息需要通过编写、印刷、预订和购买等，如《形势与政策》等教程的内容更新很快，教材的准备就是一笔不小的开销。一般的高校想请专家、学者或名师来做一场讲座，吃、住、行、协调时间和地点，边际成本也很大。现在由于网络特有的信息可复制性、共享性、实时传输性，有关专家的辅导、讲座都可以在网上进行，大家可以共同进入"课堂"，坐在电脑前的交互式远程教育使一人授课，高校所有大学生同时接受名校名师的教育成为可能，从而缓解了师资的紧缺，也免去了老师们的舟车劳顿之苦。网上下载，克服了在资料查找、印刷、分发及存档等多方面的限制，大大降低了成本，提高了传播和利用效率，使普遍化的思想政治教育成为可能。

（3）互联网的自主性特征最大限度地调动了学生获取信息的主动性与参与性。大学生通过互联网既可方便地获取大量信息，又可与世界自由地进行思想交流，这极大地激发了大学生的求知欲和想象力，能够最大限度地调动他们获取信息的主动性、自主性与参与性。网络让大学生可以从任何一个设有终端的地方随时获取所需的知识，迅速了解国内外正在发生的政治、经济、社会生活等各方面的信息。一些专门的思想政治教育网络则集成了各门学科、各种媒体、各位专家的知识，让大学生能依据自身实际情况有选择地进行咨询，获取所需的知识内容。

（三）高校思政课教学有了新方法和新平台

互联网即时而强大的互动功能拓宽了人与人之间交往的渠道，为高校思政课教学提供了更新的方法和交流平台。

（1）互联网为思政课教学提供了新方法

①互联网使大学生思想政治教育过程更加形象和生动有趣。网络技术的快速发展使知识不但可以文字的形式来表示，而且可以用视频等多种形式表示，这种多媒体特性具有很强的吸引力和感染力。将图像、动画和声

音都放进网络中，形象而直观，具有很大的趣味性，这种形式很受青年大学生的欢迎。"多媒体"多重感官刺激功能，使大学生的多种感官同时感知的学习效果明显优于单一感官感知的学习效果。在网络上，丰富多彩的世界还可以被模拟仿真，创设虚拟世界。虚拟现实技术通过计算机创造真实的受教育环境，三维的图像和虚拟的声音及感触可使受教育者有身临其境之感，其效果是现有教育手段所无法比拟的。这对一贯以说教形式出现，学生感觉枯燥无味的思想政治理论课来说，无疑有着积极的意义。另外，过去由于受到教学条件限制，无法真正做到"因材施教"，在今天有了电脑、多媒体、网络等信息技术的条件下，个性化教学、小组协作学习、交互式学习等新的学习模式，就有了实现的可能。

②互联网具有的即时性使思想政治理论课的时代感更强。思想政治理论课有着鲜明的时代特征，教材中关于国际关系、市场经济、社会制度等知识观点与社会热点问题有着紧密的联系，互联网的即时性将有助于教师和学生对于这些热点信息的获得。目前，许多网站具有很高的更新率，能在重大事件发生后的第一时间内将它报道出来或者直接进行现场直播。这种动态化的时事信息，可以让高校师生随时了解世界各地发生的大事，真正做到"足不出户尽知天下事"。

③互联网的无地域性打破了空间限制。网络拉近了人与人之间的距离，无论是近在咫尺，还是远在海角天涯，网络都能把人们连在一起，这是网络时代思想政治工作特有的优势。应用信息网络技术，可以将世界各地的学校图书馆、科研机构等教育资源联结在一起，成功地实现资源的最大共享，从而使高校师生能够更加便利地学习先进的科技知识和文化艺术。

④互联网的发展拓宽了高校师生的交流方式，使思想政治工作得以深入进行。网络所创设的"虚拟社会"环境，使得人们以屏幕为界面进行交往，使大学生能够平等、民主地通过网络与教师进行交流，可以减少面对面交流的顾虑，避免师生间直接争论的尴尬，缓解面对面冲突引发的矛盾，有助于师生之间的交流。教育者与受教育者进行平等的双向交流，这种教育模式使受教育者感受到尊重，提高了受教育者的主体地位，能促进

发挥他们学习的积极性、主动性和创造性，有利于思想政治教育工作的进一步深入开展。

（2）互联网为教育者与受教育者提供了交流的新平台

在传统的思政课教学过程中，教育活动主要是通过课堂教学展开的，学生往往对老师有敬畏感，存在畏惧心理，个别谈话和电子书信交流是教育者与受教育者的主要沟通方式。层级式的信息传递过程难免出现信息失真和信息衰减，与此同时，信息传播的范围和速度受到限制。这种单一的教学模式和沟通渠道使得思想政治教育大多为学生被动接受，时效性不强。而通过互联网这种新技术，一方面，学生和老师可以利用手机 QQ、微信、电子邮件等途径，实现一对一、一对多或者多对多的交流，大大提高了思想政治教育工作的覆盖面和效率，改变了传统的人际交往方式。另一方面，网络的虚拟性淡化了教育主体的绝对权威，老师和学生的身份都被一串串数字符号所代替，使得交流双方处在一个相对宽松和隐秘的空间，关系更加平等，心理压力较小，自由、自主性较强，双方在平等自由的空间更加坦率地沟通，实现了真正意义上的互动。互联网的出现，使得学生和老师之间的信息沟通无论是从数量上还是从平等交流的氛围上都有了极大的改善、提升，满足了信息时代对高校思想教育工作效率的要求。

当前，大学生在互联网上最关注的群体除了现实生活中的朋友同学，主要为网络上的朋友、业内人士、专业人士、名人、明星等。互联网为我们提供了一个超时空的虚拟网络平台，加速和方便了大学生与外界的信息交流。互联网具有开放性、平等性和互动性，它打破了时间、空间、国界、种族、贫富、社会地位等各方面的限制，大学生可以"走近"任何自己想接近的人和事，有助于丰富大学生的精神世界，开阔他们的视野、树立世界眼光。随着移动终端功能的进一步增强，大学生之间的通信和内容体验将更具交互性。借助 QQ、微信、微博等工具，大学生不仅可以进行个体间联络，还可以进行群体间联络，有益于增进人与人之间的情感，突破人际交往的单向模式，扩大大学生人际交往的范围。

（四）高校思政课教学更具实效性

互联网的出现，不仅使教育者能在第一时间准确了解大学生的真实思想，即时掌握大学生的心理动态，还有利于畅通沟通渠道，强化教育工作的针对性，使教育者能结合学生的实际情况开展思想政治教育工作，为教育者有效提高工作的实效性建立了一个新平台。

（1）即时掌握学生动态，快速处理各种情况

互联网络信息以分钟甚至以秒为周期进行更新，通过互联网，人们可以随时掌握世界上任何一个地方最新发生的经济、政治、文化等方面的大事，这种即时、准确、高效的信息传播方式有利于高校思想政治教育工作者即时掌握第一手信息资料，进行学生管理工作，了解学生当前状况，帮助学生解答疑惑，避免了以往教育工作中信息传播渠道堵塞、学生意见难以及时反馈给老师，贻误开展教育教学工作的最好时间段的情况。

（2）畅通沟通渠道，强化思政课教学的针对性

受传统思想观念的影响，不少大学生对老师存在畏惧心理，他们不愿意也不敢把自己的实际想法告诉老师，使老师很难真实掌握学生的思想动态，延误了思想政治教育工作有效开展的最好时机。借助互联网，老师可以通过QQ、微信、微博等组建班级群，创造新的沟通渠道，改变以往的教育手段。老师一条普通的勉励短信、一句简短的QQ留言、一条不经意的微博评论，都可能比长时间的课外谈话、课堂教育有效得多。互联网畅通了沟通渠道，有利于实现真正意义上的师生互动，充分提高了大学生思想政治教育工作的实效性。

二、高校思政课面临的挑战

互联网在高校的广泛使用对高校思政课教学的方方面面都产生了冲击和挑战。

（一）高校思政课教学存在的问题

（1）"00后"学生个性心理、思维方式和思想觉悟发生变化

目前高等院校在校生多为"00后"，他们成长的社会环境和家庭环境与教师这一代人截然不同。随着经济全球化进程日益加快和互联网技术飞速发展，我们的学生不断受到各种价值观念、文化潮流和网络的强烈冲

击，主要表现为以下三个方面的特点。

①他们拒绝被标签化。想用统一的标签定义"00后"群体是一件很困难的事情，某种单一的社会评价对于定义鲜活生动的"00后"显得无力。拒绝标签化是"00后"最大的共性。他们拒绝被代表，他们每个人鲜活的个性都是无法复制的。与其他几代人相比，"00后"的个性是突出的、鲜活的；而从每个个体去看，"00后"的个性是多元的、差异化的。因此，找一个具有普通的价值标签来概括这个群体的难度系数极高。

②他们是指尖上的一代。"00后"是互联网一代，他们从出生就开始接触互联网。他们之中有3/4的人的网龄超过3年，平均每天花费18%的时间上网，而一般的中国城市居民平均只花费13%的时间在网上。对于他们来说，互联网已经远远不只是一个工具，更是一种生活方式。"00后"大学生群体是互联网发展的关键人群。

③自我意识较强。"00后"大学生的自我意识较强，由此带来的一个直接效应就是他们的思想不再拘泥于传统的责任意识和国家前途，而是更多地从自我出发，以个人价值权衡。同时，"00后"大学生是富有创新精神的一批人，他们对新鲜事物充满好奇心，他们也有能力去创新。"00后"大学生对新事物、新思想的接受程度及开阔的视野，也使他们有能力提出正确的见解。

"00后"大学生的个性心理、思维方式和思想觉悟与以前的大学生相比发生了较大变化，也表现出一些问题：某些学生缺乏政治辨别能力、判断能力，不关心国家大事、社会生活和公益事业；崇尚个性与众不同，过于关注自我，功利心明显，缺少责任感、正义感和同情心；网络思维日占主流，移动终端不离手，网络生活成瘾，与家人、同学和老师缺乏交流，不善于团队协作。如果只重视知识技能教育，无法从根本上解决学生学习动力不强、价值观、职业观不端正等问题。

（2）思想政治教育体制单一、不灵活

目前，高校思想政治教育的队伍主体是学校的党政干部、共青团干部、思想政治理论课教师和辅导员、班主任。大部分高等院校对于大学生的思想政治教育有两条线：一是思想政治理论课堂，一是党团学管工作。

教育部非常注重大学生的思想政治理论课程，全国所有高等院校都使用由最优秀的思想政治教育教学专家编写的教材，但课堂教学效果参差不齐，特别是某些高等职业院校更注重专业技能培养，往往忽视思想政治理论课程教学。此外，在高等院校从事思想政治理论课程教学的教师如果不了解学生专业学习需求，也可能将思想政治教育走形式、走过场，浮于表面，不能从学生出发，不能真正理解学生，从而也解决不了学生的问题，最终形成思想政治教育的"两张皮"。在具体的教学过程中，某些学校党团学管工作较为单一，活动流于形式化，相关活动设计没有结合专业教育和"00后"学生特点，不能真正吸引学生关注，有的学生是为了得到分数而参加，不能从根本上对学生产生积极影响。

（3）思想政治教育工作者队伍不稳定

目前，一些高校思政课教学存在一个误区：学生的思想政治教学归思想政治理论课堂，思想政治工作归班主任和辅导员。这显然是不正确的。首先，现实的调查数据以及相关文献表明，目前我国高校学生管理人员的学历层次依然较低，本科层次的占大多数。一些学校对学生管理人员不重视，因此很多学生工作者把学生管理工作当作一个短暂的锻炼提高之处，而不是一个教育学生的终身事业。一旦有机会，他们就会考研究生或者转行到其他岗位。其次，学生与辅导员比例失调，一些学校学生管理人员配备不足，一个辅导员要管理几百名学生。一个人的精力有限，无暇顾及每一个学生，只能勉强完成既定任务，无法把思想政治教育工作做得扎实、具体。最后，一些学校的基层管理工作者在工资福利待遇等方面相比其他教师有差距，一些辅导员的生活质量没有保障，其精神世界也会出现问题，甚至可能把对环境的抱怨转嫁到学生工作上，其个人的"三观"扭曲不但不能帮助教育学生，可能还会严重影响学生。

（二）互联网对思想政治教育施教者的挑战

（1）互联网的开放性、便捷性，使许多大学生可以随时获取各种信息，不再轻易接受高校传统思想政治教育施教者的一味灌输，如果教师教授的内容没有充分的说服力或缺乏对新鲜事物的敏锐性，学生就会对教师所教授的知识产生怀疑，从而影响教师的权威。

（2）部分高校思想政治教育施教者出现了一定程度的"落伍"现象，他们基本不使用现代化教育手段，仍然发挥着"一支粉笔、一块黑板、一张嘴"的作用。在网络时代，秉承传统教育方式方法的高校思想政治教育工作者常常显得力不从心、束手无策，导致大学生质疑高校思想政治教育者的权威性，这对高校思想政治教育工作者的素质和相关专业技能提出了更高的要求。

（3）传统的高校思想政治教育漠视"人"的主体性以及师生之间的互动，导致高校思想政治教育工作者授课内容与受教育者实际需求脱节。有些高校思想政治教育工作者上课主要引导大学生应付考试，没有给大学生讨论、提问的时间，课堂教学缺乏知识魅力、人格魅力，进而导致大学生在遭遇到挫折、心理冲突与困惑时，常常选择自我调适或求助网友，不愿与教师进行沟通。

因此，在互联网时代，高校思想政治教育施教者的身份权威和知识权威面临着极大的挑战。

（三）互联网对思想政治教育受教者的影响

互联网就像一把双刃剑，在给大学生的学习、生活带来便利的同时也带来了负面影响。

第一，削减大学生的专注力，影响学习质量。互联网的移动性、便捷性、人性化服务，使大学生可以随时随地进行日常事务的处理、网上学习或娱乐休闲等，这使他们对互联网有了强烈的依赖感。这种依赖性使他们很难专心致志地学习，一旦有机会便迫不及待地投身网络世界。这种便利和随意对纪律、规则，甚至道德产生了破坏，而且使大学生自控性差的弱点进一步放大，影响学习的专注度及质量。

第二，"互联网+"使"任性"成为大学生的新常态。网络社会的开放性，打破了民族、国家和地域之间的限制，实现了不同民族、国家及地域的人们在思想观念和意识形态之间的交融和共享，也为西方发达国家意识形态和价值观念的渗透提供了机会，往往会给人生观、世界观、价值观尚未完全成熟的青年大学生造成思想上的混乱、政治观念的模糊和民族意识的淡化，导致其思想上的"任性"。网络的匿名性降低了人们的社会责任感，容易引发人们的道德缺失和行为失范；网络的虚拟性会让长时间沉溺于网络世界的大学生游离于现实与虚拟之间，形成双重身份、双重人格，造成角色的混乱与人格的分裂。长此以往，大学生就会产生逃避现实社会、人际关系冷漠、人际交往障碍等一系列问题，引发心理上的"任性"。

第三，改变大学生世界观，扭曲大学生的人生观和价值观。移动互联网作为信息时代的一种新媒体，它具有信息传递更快、更便捷、更不受限制的特点。这让大学生们看到了世界无时无刻不在变化，也体会到了变化是绝对的，不变是相对的，只有变的本身是不变的。对于这个变迁不定的世界，他们似乎认为只有抓住手机，不停地点击、查看、刷新，并做出最快的反应，才能始终紧贴在变化之上和变化的世界同步。但这让他们付出了过多的时间和精力，更可怕的是他们会对所有的变化见怪不怪，对新生的事物模棱两可地选择谅解、接受。在缺乏科学的评判标准和理论指导的情况下，他们如果认同了错误的思想行为，就可能产生错误的世界观。互联网的开放性使大学生更容易和方便地了解不同国家的文化传统、思想观念、宗教信仰、生活方式。这难免会影响大学生们原本就不成熟的价值观和人生观，西方国家在文化殖民中刻意地、别有用心地制造的信息污染将进一步冲击大学生的价值观和人生观；加之移动互联网的商业化过程中潜藏着暴力、色情、迷信的各种网络虚拟游戏，煽动炒作、只重标题、心理暗示等的不良信息会因为价值链的存在而不停地出现和更新下去，从而影响大学生的价值观和人生观。

（四）移动互联网环境对思想政治教育内容的影响

高校利用互联网开展思想政治教育难以满足大学生的需求，许多大学生认为目前高校利用网络开展思想政治教育效果不佳。当前，大学生娱乐、消遣的主要方式是上网，他们乐于上网，喜欢借助互联网发表自己的观点，但一些大学生很少上或根本不上高校开办的思想政治教育网站，还有相当一部分大学生甚至不知道高校思想政治教育网站有哪些。高校利用互联网开展思想政治教育的力度不够，一些高校开办的思想政治教育网站的影响力不大，甚至陷入"死站""空站"的困境。一些高校没有主动占领互联网阵地，其思想政治教育网站服务性不强，板着面孔一味说教，缺少趣味性和亲和力，缺乏人文关怀，难以吸引大学生，致使高校思想政治教育网站点击率、访问率不高。一些高校思想政治教育网站介绍的思想政治理论课教材深奥难懂，缺乏生动性和趣味性，思想政治教育的知识材料内容陈旧，正面的宣传教育缺乏吸引力和影响力，难免会使大学生反感，甚至产生抵触情绪。此外，高校网络思想政治教育的安全性比较脆弱，监管效果有待完善，并且缺乏足够的制度规范，没有形成健全、有效的高校网络思想政治教育的规范体系。互联网上自由意识泛滥、伦理意识缺失和道德责任感的削弱，淡化了一些大学生的法律意识与道德观念，削弱了一些大学生的社会责任感，传统伦理、人文精神价值面临着严峻考验。

随着移动互联网的使用，教师能够随时随地通过网络查看和收集与思想政治教育有关的声音、影像和视频等多媒体资源，使思想政治教育从平面化走向立体化，从静态化变为动态化，从而增强互动性、趣味性，能提高大学生思想政治教育的吸引力和感染力；大学生也能够通过移动网络搜索自己所需，不仅可以不受时间和地点的限制，查询各种相关的学习问题，还可以在线浏览、快速下载思想政治领域的专家讲座和在线课堂讲座等。

（1）道德和法治教育的重要性突出

移动互联网的开放性不仅使人们成为信息的接收者，而且成为信息的生产者和传播者，这种信息的接收和发送还不受时空限制，信息传播的双向性和多向性更加明显。高校大学生正处在世界观、人生观和价值观形成的关键时期，在受到不同思想的冲击时极易暴露出年轻人的冲动心态，移动互联网的隐匿性和便捷性等特点使学生更容易出现网络冲动。网络已成为大学生表达和宣泄的主要途径之一，违反道德甚至触犯法律的言行不时出现，强化大学生网络道德和治制教育面临着更严峻的挑战。

（2）"互联网+"使"创新"成为大学生思想政治教育的新常态

在网络时代，面对"无奇不有、无所不包"的"海量"信息资源，大学生的主体性和自由选择权得到了很大的提高，与此同时，对大学生的辨别能力、筛选能力提出了新的要求。如何让思想政治教育走进学生心中、走进网络，引导和教会学生"如何利用网络""如何甄别网络信息"成为大学生思想政治教育迫切需要增加的内容。网络为高校思想政治教育提供了现代化的教学手段，但也容易造成思想政治工作者的依赖性，如何让现代化教学手段与思想政治教学内容有机结合，实现网上教育与网下教育联动、课堂教育与课外教育互补、教师的主导作用与学生的主体作用互动，是创新大学生思想政治教育方法必须解决的课题。网络拓展了学生思想政治教育的时空，但是也为大学生思想政治教育带来了信息泛滥、信息污染、信息骚扰、信息的渗透与反渗透等一系列问题，如何因势利导、趋利避害，净化网络教育环境，对创新大学生思想政治教育的环境提出了新的要求。

第二节　新时代高校思政理论课的教学依据

新媒体时代，根据"00后"大学生不太喜欢说教的纯理论课，更喜欢灵活的、接地气的精品美文等特点，采取网上网下协同育人的教育模式，有针对性地开展马克思主义意识形态教育，不失为一个有效的策略。但是，不管采取何种教育策略或方式，在教育过程中，都必须坚定不移地坚持马克思主义在大学生意识形态教育中的主导地位，必须坚定不移地坚持三个基本价值取向，这是马克思主义意识形态教育的基本要求。

一、坚持马克思主义在大学生意识形态教育中的主导地位

在新媒体时代，互联网信息的海量性、思想的多元化和选择的多样化，冲击着马克思主义在意识形态中的主导地位。因此，在新媒体时代，坚持和巩固马克思主义在意识形态领域的主导地位显得十分重要和紧迫。对于教育者而言，坚持马克思主义在意识形态中的主导地位，首先体现在

坚持马克思主义在大学生意识形态教育中的主导地位，也就是说，把大学生意识形态教育要以马克思主义为主导，聚焦到马克思主义意识形态教育上来，通过马克思主义意识形态教育引导大学生树立坚定的马克思主义信仰和社会主义信念，引导大学生相信人民群众的力量，信任共产党的领导。这显然是由我国的社会主义国家性质和社会主义大学培养人才的根本任务所决定的，也是应对新媒体时代互联网对主流意识形态冲击与挑战的策略选择，更是马克思主义自身本质的内在要求。从马克思主义本身来看，我们坚持马克思主义在大学生意识形态教育中的主体地位，主要基于以下三个方面的原因。

马克思主义是颠扑不破的真理。我们选择马克思主义，最根本的原因就在于它是关于人类历史发展规律的伟大真理，是指导人们认识世界和改造世界的强大思想武器。马克思主义诞生已经170多年。历史的积累，知识的积累，实践经验的积累，使我们可以站到一个从未达到过的高度，比较容易看清历史洪流的走向，因此，我们完全可以看清马克思主义是真理还是谬论。我们考证马克思主义是否科学时，一定要结合中国的国情和现实来考证，但又不能把它局限在中国，而应该把它放到几千年人类文明史中，放到全球的视野中考证。这样得出的结论才能让人更加信服。关于人类历史发展规律的学说，在马克思主义诞生之前，就已经有了不少理论和主张，比如社会达尔文主义、空想社会主义等。马克思主义正是在吸收这些理论与学说的科学养分的基础上发展而来的。马克思站在宇宙观的高度对于社会发展和人类终极命运进行了思考和追索。马克思主义是集人类文明成果之大成者，这成就了它前所未有的宏观指导性。不论是苏联的成功之路还是我国改革开放的成功，无一不是在坚持马克思主义指导下取得的，而我们的挫折也无一例外地与抛弃它或错误地理解它和运用它有着密切的联系。在它诞生以来的170多年里，不论是社会主义国家还是资本主义国家，不论是发达国家还是发展中国家，不论是取得成功还是遭受失败的经验，都能从中印证和丰富马克思主义的科学性——唯物辩证法和唯物史观。尤其是在全球化、网络化的知识时代背景下，全球利益、全人类利益越来越联成一体，"只有解放全人类才能解放自己"，马克思在《共产党宣言》中的这句预言，正越来越成为一个事实。马克思主义作为迄今为止关于人类历史发展规律最科学、最严谨、最有生命力的思想理论体系，它包括三大部分：一是马克思主义哲学，即辩证唯物主义和历史唯物主义；二是马克思主义政治经济学；三是科学社会主义。三者相辅相成，揭示了人类社会由原始社会向奴隶社会、封建社会、资本主义社会、社会主义社会递进的发展规律。马克思主义哲学是共产党人的世界观；马克思主义关于通过社会主义走向共产主义的科学预见，是共产党人为之奋斗的最高社会理想。我们从这个意义上可以说，科学社会主义是整个马克思主义的核心。我们选择马克思主义，信仰马克思主义，就是选择和信仰其整个理论体系，而不是工具性地抽取其中的个别论断或固守和照搬其个别结论，否则，这与教条主义没有多大分别。

马克思主义是崇高的科学信仰。马克思主义不仅是一种科学的世界观，更是一种无产阶级的价值观，是一种将科学的世界观方法论、彻底的唯物主义、无产阶级的党性原则、全心全意为人民服务的精神融为一体的崇高信仰。坚持科学与价值的统一，理想与现实的统一，理论与实践的统一，是它有灵有肉的精髓彰显；有真理、有正义、有精神、有人性关怀，是它超凡脱俗的品质体现；符合客观规律，顺应人类良知，追求公平正义，是它与众不同的信仰追求。正因为如此，信仰马克思主义，能给人以睿智和坚毅、高尚和文明，使它的信仰者脱胎换骨，成为脱离低级趣味的人、顶天立地的人。这正是我们开展马克思主义意识形态教育，引导大学生树立马克思主义信仰的根本目的所在。

马克思主义是社会主义中国的立党之本、强国之魂。马克思主义在中国传播，并在中国共产党的引领下实现与中国国情的结合，这是 20 世纪初以来我国最伟大的历史事件之一。毛泽东说，十月革命一声炮响，给我们送来了马克思列宁主义。从此引起了中国翻天覆地的大变革，这一点都不夸张。中国人民历史地选择了马克思主义，这有其内在的必然性。而马克思主义来到中国之后，就与中国人民的先锋队——中国共产党如影随形，难以割离。马克思主义从一开始就被确立为中国共产党的根本指导思想，它是缔造中国共产党的灵魂。中国共产党正是在它的指导下，战胜了一系列艰难险阻，不仅建立了新中国，建立了社会主义制度，实现了人民民主，而且在伟大的革命与建设实践中进一步发展了马克思主义，目前已经先后产生了两大马克思主义中国化理论成果——毛泽东思想、中国特色社会主义理论体系。这些中国化的马克思主义是马克思主义与中国具体国情紧密结合的产物，是我们的立党之本、强国之魂。我们开展马克思主义意识形态教育，正是为了更好地运用马克思主义尤其是马克思主义中国化最新理论成果武装我们的大学生，确保他们成为具有马克思主义信仰的社会主义建设者和接班人。

二、新媒体视域下开展马克思主义意识形态教育的基本取向

马克思主义意识形态教育的内容十分广泛丰富，要全面涉及不太现实，也不容易出实效，因此，我们在开展马克思主义意识形态教育时，应当把意识形态教育放到大学生思想政治教育视域中，以问题为导向，针对当前大学生信仰危机等严峻现实和问题，把马克思主义意识形态教育集中聚焦到马克思主义信仰教育、社会主义信念教育、共产党信心教育之上，并作为马克思主义意识形态教育的核心加以实施，从而形成大学生马克思主义意识形态教育的三个基本取向。

1. 坚持用当代马克思主义武装大学生头脑

用中国化的马克思主义武装广大学生的头脑，引导他们树立坚定的马克思主义信仰，这是马克思主义意识形态教育的首要任务。马克思主义只有与我国具体国情相结合，才具有强大的生命力。因而，我们开展马克思主义意识形态教育，重中之重是用马克思主义中国化的最新理论成果武装大学生的头脑，进而达到引导他们树立马克思主义信仰的目的。从实现中华民族伟大复兴的纵坐标出发理解中国特色社会主义进入新时代。中国特色社会主义进入新时代，我国社会主要矛盾已经转化为人民日益增长的美好生活需要和不平衡不充分的发展之间的矛盾。随着社会主要矛盾的转化，党和国家的各项工作都面临着新的考验，也对党和国家工作提出了许多新的更高要求，我们要在继续推动发展的基础上，更好地推动人的全面发展、社会全面进步。同时必须认识到，我国社会主要矛盾的变化，没有

改变我们对我国社会主义所处历史阶段的判断，我国仍处于并将长期处于社会主义初级阶段的基本国情没有变，我国是世界最大发展中国家的国际地位没有变。基于这样的认识，党的十九大对我国从 2020 年到 21 世纪中叶的发展目标做出了"两步走"的战略安排，为新时代坚持和发展中国特色社会主义指明了方向。

我们要从世界百年未有之大变局的横坐标出发理解中国特色社会主义进入新时代。习近平总书记指出，"世界正处于大发展大变革大调整时期，和平与发展仍然是时代主题"，"我们生活的世界充满希望，也充满挑战"，"放眼世界，我们面对的是百年未有之大变局"。近年来，国际形势风云变幻，霸权主义、强权政治大有卷土重来之势，这是中国特色社会主义进入新时代必须面对的外部环境。面对百年未有之大变局，我们必须进一步夯实国内发展基础，集中力量办好自己的事，以永不懈怠的精神状态和一往无前的奋斗姿态迎接世界格局的变化。

2. 坚持引导大学生确立社会主义必胜的信念

引导大学生树立社会主义信念，是马克思主义意识形态教育的目的之一，也是马克思主义信仰教育的一个指针。用马克思主义武装大学生的目的不仅是让大学生用这一思想武器来认识世界，更重要的是用它来改造世界——建设社会主义现代化强国。马克思主义的核心是科学社会主义，因此，开展马克思主义意识形态教育，就必然要落实到引导大学生相信社会主义一定能战胜资本主义，即树立社会主义必胜的信念上。相信社会主义，是信仰，也是信念。然而，我们对什么是社会主义、怎么建设社会主义曾经有过非常剧烈的学术争论，在实践中我们也走过不少弯路。不论是学术上还是实践上，对什么是社会主义、怎么建设社会主义的探索仍将继续不断进行，这才是马克思主义与时俱进的理论品质的体现和要求。把握"什么是社会主义"的关键在于从马克思主义基本原理出发把握社会主义的基本特征，中国特色社会主义的基本特征可以概括为七个方面：一是以维护人民根本利益为宗旨的人民性，这是社会主义应该彰显的基本价值品性；二是以解放和发展生产力为核心的发展性，这是社会主义应该彰显的基本经济品性；三是以实现社会公平正义为目标的公正性，这是社会主义应该彰显的基本社会品性；四是以促进社会和谐发展为基础的兼容性，这是社会主义应该彰显的基本文化品性；五是以保障人民当家做主为主题的民主性，这是社会主义应该彰显的基本政治品性；六是以坚持民族独立发展和促进民族共同繁荣为取向的民族性，这是社会主义应该彰显的基本国家品性；七是以破除垄断和促进公平与良性发展为追求的竞争性，这是社会主义应该彰显的基本动力品性。总之，思想政治教育工作者应深刻地研究和正确地把握社会主义的本质及其本质特征，从根本上解除大学生的疑惑，从而引导他们确立社会主义必胜的信念。高校从事马克思主义研究的学者云集，具有深入开展社会主义理论研究得天独厚的优势，这无疑为我们开展马克思主义意识形态线上线下教育，引导大学生树立马克思主义信仰、坚定主义信念提供了很好的理论基础和得天独厚的条件。

3. 坚持引导大学生相信人民群众的力量和信任中国共产党的领导

办好中国的事情，必须紧密依靠人民群众的力量和中国共产党的正确领导，两者缺一不可。因此，开展马克思主义意识形态教育的一个重要任务便是教育和引导当代大学生相信人民群众的力量和信任中国共产党的领导。人民群众是历史的创造者，这一最简单的历史唯物主义观点，当前在大学生群体中能发自内心地相信的并不多见。由于受官场腐败现象以及享乐主义等不良风气影响，大学毕业生多数不愿到农村到基层去建功立业，千军万马挤考研、考公务员之路是司空见惯的现象。同样，互联网的去中心化倾向和扁平化特点也在削弱政府和党在网民中的权威形象和中心地位。要应对这些前进中的挑战，显然只有通过广大思想政治教育工作者主动担当，勇于开展包括线上线下协同的马克思主义意识形态教育在内的多种教育途径来解决。通过学习教育，引导大学生从唯物主义的高度认识人民群众是历史的创造者的论断。通过学习教育，引导大学生从历史的脉络中了解中国共产党领导地位的确立是人民的选择，也是历史的选择。自从1949 年执政以来，中国共产党带领人民以一往无前的进取精神和波澜壮阔的创新实践，不断探索和回答什么是社会主义、怎样建设社会主义，建设什么样的党、怎样建设党，实现什么样的发展、怎样发展等重大理论和实践问题，逐渐走出了一条富有中国特色的强国之路，谱写了中华民族自强不息、顽强奋进的新的壮丽史诗。今天，一个面向现代化、面向世界、面向未来的社会主义中国巍然屹立在世界东方。梳理这条强国之路，回顾中国共产党执政兴国的历程，可以帮助广大学生重温中国人民、中国社会主义和中国共产党面貌发生历史性变化的点点滴滴，可以使他们更加自信地高举中国特色社会主义伟大旗帜，更加自觉地坚持走中国特色社会主义道路，更加发自内心地相信人民群众的力量，信任中国共产党的领导。总之，通过学习教育，要让大学生真正明白：在中国，如果没有中国共产党的坚强领导，全国就如同一盘散沙，对内难以实现自强和崛起，对外难以抵御外来势力掠夺与侵略。没有中国共产党，就没有新中国，更不可能有中国特色社会主义伟大事业的实现。我们要建设富强、民主、文明、和谐、美丽的社会主义现代化强国和实现中华民族伟大复兴的中国梦，就必须紧密依靠人民群众的力量和党的正确领导，两者缺一不可。

第三节 新时代高校思政理论课的教学原则

一、方向性原则

所谓方向性原则，就是指在思想政治教育的过程中，坚持以马列主义、毛泽东思想、邓小平理论、"三个代表"重要思想、科学发展观、习近平新时代中国特色社会主义思想为指导，按照完善人、发展人的总目标，在思想道德修养上为教育对象指明方向，使社会主义思想道德成为激励他们进行道德活动的精神力量。思想政治教育的方向性是由教育的阶级性所决定的，任何一个阶级社会都要求教育者根据本阶级的利益原则和价值取向确定自己的思想政治教育目标。思想政治教育的目标就是：培养具有一定思想政治觉悟的人。我国的思想政治教育目标是培养人们遵守社会公德、公民道德和良好的社会主义思想道德品质，塑造社会主义理想人格，开展正确的道德实践活动，树立以国家、人民和集体利益为重的集体主义精神，塑造大公无私、毫不利己、专门利人的共产主义思想道德品质。

思想政治教育是一个非常复杂的教育系统，具有系统的一般特点。系统论认为，系统的一个重要特征就是它的目的性（也称为终极性或方向性）。钱学森指出："所谓目的，就是在给定的环境中，系统只有在目的点或目的环上才是稳定的，离开了就不稳定，系统自己要拖到点或环上才能罢休。"一般来说，个体最初落在哪个目的点或目的环上，它就会按照这样的点或环的要求生长，沿着它所设定的目标发展。所以，在思想政治教育过程中，谁抢先把思想政治教育对象拉入自己的道德轨道，谁就拥有对该对象教育的主动权，也就获得了开展思想政治教育工作的优势条件。当代大学生从小就以社会主义思想道德要求发展自己的思想道德观念，这为我们做好思想政治教育工作提供了良好的初始条件。

二、国际化与民族性发展相统一的原则

随着全球化进程加快，面向世界、放眼全球成为每一个国家、每一个民族甚至每一个社会个体必须具有的思维方式和视觉维度。然而，全球化也造成了大量的"文明冲突"，作为应对全球化挑战的基本策略，世界各国尤其是发展中国家，为了维护国家主权和独具特色的民族文化，往往继续坚持民族化发展的现代化取向。实际上，民族化和全球化是相辅相成的，民族化是全球化发展的基础，全球化是民族化发展的条件。在全球化与民族化的交织中谋求发展，成为每个国家、社会乃至个人都无法回避的现实。思想政治教育也不能例外。置身全球化的国际环境，面对激烈的国际竞争，要应对不良思潮对民众的不利影响，对于思想政治教育工作来说，自我封闭或者一味回避都是没有出路的。我国的思想政治教育应当立足中华民族传统文化的基石，立足中国特色社会主义现代化建设的实践，进一步加强对民众的民族精神教育和时代精神教育。

不难看出，思想政治教育模式创新必须正确处理"外"与"内"、"他"与"我"的关系，既立足本国又面向世界，在坚持面向世界与立足民族发展相统一的过程中，培养既懂得中国又了解世界，既有民族气质又

有国际视野的新型人才。

三、理论与实际相结合的原则

理论联系实际是思想政治工作的一条根本性原则，也是党的思想政治工作的传统。现阶段社会发展处于快速变革的状态，理论的飞跃和发展与社会实际的变化都呈现崭新的局面。要做到理论联系实际，必须重视以下几个方面的新情况：一是联系经济全球化的思潮进行思想政治教育。经济全球化使思想政治教育的内容遇到了新的挑战。我们实行的主旋律教育，在经济全球化下必然受到西方的霸权主义、人权攻势、和平演变的更大冲击，我们必须对此做出新的应对。二是联系网络信息环境对人们思想的影响进行思想政治教育。网络的出现，强化了即时交流的功能，创造了任凭人们驰骋的虚拟环境，提供了海量的信息和全球交流的便捷手段，也产生了一定的负面影响，向思想政治工作者提出了帮助人们提高信息鉴别能力，提高思想道德水平，正确运用先进信息工具的任务；三是联系社会发展出现的诸多"多样化"进行思想政治教育。当前社会出现了诸多的"多样化"：经济成分和经济利益多样化，社会生活方式多样化，社会组织形式多样化，分配方式多样化，就业岗位和就业方式多样化。这是一种客观存在。这些多样化对社会成员的思想影响极大。在这种新的情况下，主流意识形态和主旋律怎样体现，就是一个新问题。我们必须正视现实，学会在多种声音中唱响主旋律，在承认和面对更加复杂多样的思想观念的同时，不随波逐流，在工作中赢得主动。

四、以人为本原则

以人为本是科学发展观的本质和核心，是思想政治教育的重要理念。思想政治教育的对象是人，做的是教育人培养人的工作，我们必须坚持贯彻以人为本的要求，提高民众综合素质，促进每个人全面发展的作用。

坚持以人为本，是思想政治教育工作改进与创新中最为重要的原则，也是以人为本在思想政治教育工作中的具体体现。高校思想政治教育要坚持"以人为本"的"人"主要是指在读的大学生。大学生正处于走向成熟和崇拜自由的时期，乐观与悲观的心理交替，自信、自卑和自傲的信心变化，正义感和明哲保身的内心矛盾，时常体现在他们的现实生活中。同时，大学生身上的优点，也很容易成为思想政治教育中的难点，尤其是青少年对自我和自由的过度追求，容易使个人自由健康发展走向弯路。如果采用传统的与心灵拉远距离的沟通方式，必然会在青少年成长过程中起反向的作用。因此，要实现大学生的全面自由发展，高校思想政治教育工作就必须坚持"以人为本"的原则，把全面发展和注重个体不同心理变化的差异结合起来。

五、与时俱进原则

与时俱进是马克思主义的理论品质，是指紧跟时代步伐不断向前发展，是实现思想政治工作理论和实践创新的本质要求。党中央针对新形势条件下的新情况、新问题，坚持着眼新实践，探索新方法，建立新机制，创造性地把开展思想政治工作的要求落到实处，贯彻了与时俱进的理论品质。

习近平指出："实现中国梦必须弘扬中国精神。这就是以爱国主义为核心的民族精神，以改革创新为核心的时代精神。这种精神是凝心聚力的兴国之魂、强国之魂。爱国主义始终是把中华民族坚强团结在一起的精神力量，改革创新始终是鞭策我们在改革开放中与时俱进的精神力量。全国各族人民一定要弘扬伟大的民族精神和时代精神，不断增强团结一心的精神纽带、自强不息的精神动力，永远朝气蓬勃迈向未来。"高校思想政治教育也要坚持与时俱进的原则，体现时代性，把握规律性，富于创造性。随着市场经济的深入推进，人们的思想也随着社会条件和环境的变化而不断发展变化。当前网络技术的发展，使得人类的交流几乎没有时间和空间上的限制，这也为不良信息的进入提供了可乘之机。思想政治教育理论和方法若不能与时俱进，根据社会实际情况做出适当调整，则只能丢失意识形态斗争的阵地。因此，思想政治工作者必须立足于新的客观实际，不断更新思想政治工作的理论和形式，科学地选择和运用正确的思想政治教育方式方法，提高思想政治教育的针对性和现实性，从而实现思想政治教育工作的创新与发展。

青少年思维活跃，聪明智慧，独立性强，很容易接受新事物，但也容易对周围环境产生盲从和困惑。改革开放中的一些负面影响容易在大学生中间滋生自由放任的现象，诱发拜金主义、享乐主义、利己主义和个人主义。习近平同志在中央政治局第二十次集体学习时的讲话中指出："辩证唯物主义虽然强调世界的统一性在于它的物质性，但并不否认意识对物质的反作用，而是认为这种反作用有时是十分巨大的。我们党强调理想信念是共产党人精神上的'钙'，强调'革命理想高于天'，就是精神变物质、物质变精神的辩证法。广大党员、干部理想信念坚定、干事创业精气神足，人民群众精神振奋、发愤图强，就可以创造出很多人间奇迹。如果党员、干部理想动摇、宗旨淡化，人民群众精神萎靡、贪图安逸，那往往可以干成的事情也干不成。所以，我们必须毫不放松理想信念教育、思想道德建设、意识形态工作，大力培育和弘扬社会主义核心价值观，用富有时代气息的中国精神凝聚中国力量。"因此，我们必须加强党对民众的正确引导，帮助他们辨别和分析各种社会现象，引导他们透过现象看本质。这就要求我们深入探索和掌握新形势下思想政治教育工作的规律和特点，努力研究新情况，探索新路子，解决新问题，在继承的基础上改进与创新思想政治教育方法，与时俱进，提高思想政治教育的实际效果。

思想政治教育方法的创新同其他改革发展一样，无规矩不成方圆，方法的改进与创新也要遵循一定的要求，坚持一定的原则，明确创新思路，从社会现实和民众实际出发，努力提高思想政治教育的实效性。

六、教育与自我教育相结合的原则

所谓教育与自我教育相结合的原则，就是在思想政治教育中，既注重发挥教育者的主导作用，又注重发挥教育对象的能动作用，将教育与自我教育有机地统一起来的原则。教育与自我教育是互相联系、互相促进的两个方面。一方面，人们思想政治水平的提高要靠学校、社会以及家庭的教育；另一方面，思想政治教育的效果最终还是要通过人们自身的思想矛盾运动来实现。社会教育只是提高人们思想政治素质的外因，自我教育才是提高思想政治素质的内因。教育者的作用是提供一个良好的外部条件，把教育的内容通过适当的方法灌输给教育对象。教育者提供自我教育的起点和动力，决定着自我教育的氛围和导向。在一个社会教育氛围浓厚的环境里，人们自我教育的能动性往往很强；在一个淡化社会教育的氛围里，自我教育的功能则微乎其微。

自我教育既是衡量社会教育实效性的一个重要标志，也是思想政治教育最终落实的归宿。自我教育的过程就是通过反省、反思、自我思想改造等自我修养，提高思想道德水平、理性思考水平和世界观水平，通过自我约束、自我控制和自律等自我管理途径，增强自身把握正确方向的能力的过程。例如，自古以来传统的修养方式"慎独"，即为不可忽视的一种自我教育方式，在当今仍然具有十分重要的现实意义。现阶段，自我教育之所以重要，主要是因为人们的主体性加强，人们的选择性增加，社会规范性增强，这些变化都对自教自律提出了更高的要求。

教育与自我教育的结合，首先体现在既重视由外部进行灌输的社会教育，又重视内省修养的自我教育，从内外两个方面实现思想政治教育的目的过程中，其次体现在思想政治教育过程中。教育者与受教育者的互动关系，要求教育者必须从这一基本事实出发，确立正确的原则方法，这样才能取得教育效果。在现代社会，只有尊重人格，平等对话，才能产生思想的交流，才能吸引教育对象的积极参与，才能不断吸收教育对象思想上反映出来的合理的成分，充实教育者的头脑。这样才能发挥教育者与受教育者的积极性，建立一种民主、平等、互相尊重、互相学习的新型关系，从而增强受教育者的主动性，达到理想的教育效果。

实现教育与自我教育的结合，必须做到以下几点：

第一，要充分发挥教育者的主导作用，要防止和反对"自发论"和"取消论"。教育者必须充分认识自己的责任和使命，提高自身的素质。教育者必须先受教育。只要教育者以身作则，率先垂范，才会增加自身的人格魅力。无声的示范教育，才是最好的引导。第二，要善于启发、提高受教育者自我教育的主动性和积极性，培养受教育者自我教育的能力。第三，利用舆论的力量，树立良好的风气，使教育对象受到感情的感染。第四，培养骨干，以身示范，带动自我教育的潮流。

七、精神鼓励与物质鼓励相结合的原则

把物质鼓励原则与精神鼓励原则结合起来，是我们党的传统。在新时期，把物质鼓励原则与精神鼓励原则结合起来，是思想政治工作的必然要求。这是马克思主义的重要原则。为绝大多数人谋利益，是我们党制定一切政策的出发点，关心广大群众的物质利益，是我们党的光荣传统，无论在革命战争年代还是在社会主义建设时期都是这样。

要把物质鼓励原则与精神鼓励原则结合起来，就要从理论上正确认识两个原则相结合的若干是非问题；在倡导革命精神的同时，要贯彻物质利益原则；在贯彻物质利益原则的同时，强调社会主义精神的鼓励作用，贯彻竞争激励原则。

八、主导性与多样性相结合的原则

主导性与多样性相结合是涉及思想政治工作具体内容的重要原则。这一原则要求思想政治教育工作者将主导性和多样性相结合，克服教育内容单一化、简单化，缺少针对性和层次性的弊病，把主导内容的方向性与针对丰富多彩的现实生活和思想特点的灵活性相结合。

教育内容主导性是指教育内容要体现思想政治教育的方向和性质，在思想政治教育中起主导作用。主导性内容是一个系统的理论体系，它反映了占统治地位的阶级的意志和社会的主导价值取向。我们要针对具体的教育对象，做到方法的灵活多样性。主导性与多样性，两者缺一不可。

思想政治教育内容的主导性要求：在意识形态领域坚持和维护社会主义意识形态的主导地位；把马克思列宁主义、毛泽东思想、邓小平理论、"三个代表"重要思想、科学发展观、习近平新时代中国特色社会主义思想作为思想政治教育的中心内容；抓住爱国主义、集体主义、社会主义教育的主旋律；突出以为人民服务为核心的人生价值观教育。主导性的这些层次的内容是密切相连、相互渗透的体系，需要整体把握。

多样性的要求包括以下内容：思想政治教育内容具有多样性，我们要

选择与针对性内容相关、相容的其他必要的辅助教育内容；针对不同教育对象和教育环境灵活地实施教育。

在思想政治教育实践中，一方面要坚持主导性前提下的多样性。在选择思想政治教育内容的时候，主导性是前提，是根本。在主导性的问题上要有坚定性、一贯性，不能把多样性理解为朝令夕改、变化莫测、随欲而定，而是为了更好地贯彻主导性的灵活性，体现教育的针对性和正确性。另一方面，抛弃多样性，就会使我们的教育抽象、单调，我们要坚持多样性之中的主导性。多样性地选择思想政治教育内容，根本目的是更好地体现主导性。近年来出现的思想政治教育内容"泛化"的现象，值得注意。那种把一切行为和内容都冠之以思想政治教育名义的做法，实际上是取消了思想政治教育。

第四章

新时代高校思政育人教学模式与方法创新

第一节　新时代高校思政育人教学模式的构建

一、对我国传统思想政治教育方法的"古为今用"

我国古代思想政治教育方法作为我国思想政治教育的重要源头，有不少优秀方法在我国思想政治教育方法的构成、性质、功能和作用上都占据着重要地位，发挥着重要作用。现阶段，我们在如何学习利用这些方法时，尤其要注意分辨优劣，有批判、有筛选地汲取；在承传时务必考虑其局限性，克服其不足，发扬其具有生命力之处。

（一）我国古代思想教育方法的局限性

为了灌输儒家的宗法伦理思想，体现所谓的"天志""君命"，把民众的言行规范在"纲常"内，这些在我国古代思想政治教育方法的内容和特点上暴露出一些流弊，反映出一些局限性。

首先，在内容上重教化与修身。教化与修身的具体手段尽管多种多样，但主要放在灌输、"化民成俗"、践履、克己和慎独等方面，其目的不外乎是通过外力的强制与自我的禁欲来达到统治阶级的教育理想和意愿，培养适应"天下太平"的顺民。我国古代思想政治教育方法的特点主要体现如下：

1. 外力的强制性

为了维护"神权""君权""夫权"的绝对地位，古代思想教育者将"神权""君权""夫权"结成一张牢不可破的网，从而巩固君主的"皇帝"地位和江山社稷的永存，政治上的独裁专制往往借助于伦理道德上的专制来实现。因而，我国封建社会政治上的独裁专制同伦理道德上的专制统治是密不可分的。不言而喻，这些外力的强制性使人民生活在高压之下，丧失了人身自由和必要的自主性、创造性，甚至会泯灭人性。

2. 克己、禁欲的欺骗性和残酷性

无论是"克己复礼为仁"还是"存天理，灭人欲"，其对象主要指向民众，天子、皇族国亲却可以放荡不羁、为所欲为。在这种欺骗性的背后隐藏着统治阶级残暴的一面。人们本应追求的正当利益、要求在这些谎言的幌子下涤荡得干干净净，唯有"忠""孝""恕"是可取的。我们知道：欲望导致动机，动机引发对需求的渴望与践履。如果正常的欲望被禁止后，留给人的将是什么呢？除了绝望，一无所有。如果一个民族或国家的人民在绝望中生存，那么这个民族或国家还有希望吗？更不用说创新和发展了。

由此可见，我国古代思想政治教育方法的局限性，主要体现在强制性、残酷性和欺骗性上。今天，我们借鉴和吸收古代思想政治教育方法的优秀成果时，尤其要剔除"强制性、残酷性和欺骗性"等糟粕。思想政治教育的对象是人，人生而平等，没有上下、尊贵、卑贱之分，其思想观念、政治观点和道德品质等的差异是人民内部矛盾的反映，只能通过平等对话式、说服式、沟通式，用真理引导、真情感动、真事激励，方可达到教育的真正目的。

(二) 承传我国古代的自我教育法

古代中国思想理论家也总结了不少有益的教育方法，如启发式、对话式、说服式等，其中尤以自我教育法具有当代价值。

自我教育法，是相对他教来说的，我们通常所谈及的"教育"二字，在形式上一般指他教；但在广义上讲，教育既应包括他教也应包括自教，是他教与自教的共同影响、合力作用的结果。顾名思义，所谓自我教育法，就是指受教育者主动依据一定社会和阶级所培养的思想品德素质、科学文化素质以及身心健康素质等目标要求，自觉地结合本身实际情况去制订学习计划、选择学习方式、实施学习方案、完成学习任务、达到学习目的、评判学习结果、检查学习过程、总结学习经验和教训。如此通过自我学习、自我修养、自我反省、自我总结、自我批评、自我改造等方式，将"别人让我学习"转化成"我自己要去学习"，把学习的主动性、积极性、创造性充分调动起来，不断开动脑筋、思考问题，在经过内心思想矛盾的冲突、斗争过程后，澄清对错是非观念、纠正谬误、坚持科学真理。由此可见，自我教育法既是一种重要的教育方式，又是一种最佳的教育途径。

自我教育法在我国有着悠久的历史传统。春秋战国时的孔子、孟子提倡修身养性，要求通过自我修养、自教自律来合乎"礼"，进而达到"仁"，即注重自我教育。

孔子曾说："三人行，必有我师焉。择其善者而从之，其不善者而改之。"其中的"三人行，必有我师焉"强调了虚心学习、自我教育的重要性。即使三个人同行，也一定有我的老师。既然有比我学问高、思想品德好的老师在眼前，我就要一刻也不放松地向其求学、问道。那么，向谁学习最可取呢？当然是"择其善者"而舍"其不善者"。换言之，是应该向具有善的品德的人学习，并以不善的人为借鉴改正缺陷。与此同时，孔子倡导："学而时习之，不亦说乎。"

儒家主张的通过"内自省"来加强道德修养，砥砺志气，锤炼人格，强调良好的道德行为习惯应是受教育者自主性调动起来后在日常生活、学习、工作中持之以恒养成的，这是一种养成教育观。有学者认为，"内自省"是"儒家精神世界的核心范畴"，"是个体在自我反省体验中，对伦理规范的理性认知和对美德表征的义理领悟，并在此基础上行事的人格特性"。

自我教育法的特征主要有：

第一，从教育对象来看，无所谓教育者与受教育者之分，一个人既是教育的主体又是教育的客体，因此，自我教育中的教育对象没有来自外面的压力，不会产生被动学习的心理，增强了自主性，即自觉、主动选择学习内容、安排学习步骤、组织学习过程等。

第二，从教育过程来看，以"自我"为中心，凸显"自我"能动作用。学习什么？是自我选择、自我构建；为何学习？是自我驱动、自我激励；怎样学习？是自我认知、自我体会、自我监督、自我控制；学习结果如何？是自我评估、自我总结、自我取舍、自我协调、自我强化、自我提高、自我完善。由此可见，从学习动机的激发到学习任务的确定，再到学习过程的具体实现，再到学习成败的肯定或否定以及提出整改策略并进入新一轮的学习，无不是"自我"角色的转换、"自我"参与的结果。唯有这样，才能够较好地发挥自我的主观能动性，调动起自我的学习主动性、积极性和创造性，让学习者认识到学习不是他人的"公事"，而是自己的"私事"。

第三，"以人为本"思想在自我教育中得到充分体现。思想政治教育工作者必须认真考虑教育对象的文化知识基础、理论修养和思想观念的实际状况，具体问题具体分析。在自我教育中，因教学内容、教学方略都由教育对象根据现实水准选择、确定，这就充分体现了人本主义尊重人、理解人、依靠人、相信人的理念，依据人的现实性，提升人的主体性，从而实现人的价值性。

自我教育法运用于当代思想政治教育中的价值：

1. 坚持"以人为本"，提升人在教育中的主体性

"以人为本"思想认为人类社会历史是由人创造的，排除人而孤立地就事论事、见事不见人，就物议物、见物不见人是错误的。人在创造人类社会历史中的巨大作用奠定了人的重要社会地位。为此，我们从事经济、政治、教育、文化、艺术、宗教等一系列工作的出发点和落脚点都应集中在人身上，我们进行改革开放和社会主义现代化事业甚至为实现崇高的共产主义社会而努力都是为了人的美好幸福生活。离开人，这些工作、事业

和信念都将失去应有的价值和自然存在的意义。因此，认清和牢牢把握人的主体地位十分重要。开展思想政治工作也是如此。我国思想政治教育的最终目的就是通过有效的教育影响和作用，让教育对象认真领会党的路线、方针、政策，明确自己是建设家园和推动经济发展和社会进步的重要组成部分，树立主人翁意识，为人类文明的精进不舍贡献智慧和才华。

自我教育法的最大特征突显了人的主体性，即人的自觉性和主动性、积极性和创造性，这正是思想政治教育希望达到的目标。因为我们从事任何一项任务、一件工作，其成功或失败，除了客观物质条件外，主要是看参与这项任务、这件工作的劳动者的工作态度、工作能力。尽管能力因素至关重要，但并不起决定作用；态度则不然，以热火朝天的工作热情、执着的工作志向追求、积极的应对策略能够改善不利条件、创造有利条件，最终在大家的齐心协力下可以保质保量完成任务。相反，工作消极、怠慢，要么只能勉强草草完事，要么拖拖拉拉始终没有进展甚至半途而废，既浪费大量的物力、人力、财力，又错失良机而令人遗憾终生。

2. 充分体现民主性，培养民主精神

民主性，是从自我中体现出来的；民主精神，是在自我中培养起来的。美国从事民主研究的著名人士科恩曾说："民主就是自治。"虽然，此处的"自治"实质是指参与国家事业和政治、经济等社会事务的管理，但是，这种管理国家的能力正是自我能力的体现。为此，自我个体中没有民主性，丧失民主精神，他又怎能推己于人、推己于社会呢？即使通过他人教育方式可以灌输一些民主的理念，但是民主意识的形成没有自我自觉主动的参与是不可能的。

在自我教育法中，教育者与受教育者都是同一个人，永远不存在教育上的教育者与受教育者的事实上的不平等现象。因而，建立在平等基础上的教育，能够排除教育对象不必要的心理上的沉重负担，使他在脱去包袱后以一种愉快的心情、加倍的热情、高度的激情投身于学习中，达到"学而时习之，不亦说乎"的境地。

3. 加强针对性、实效性

在新形势、新环境下，新情况、新问题层出不穷。为针对新情况、解决新问题，促进我国社会主义市场经济健康、快速、有序地发展，全面推进小康社会建设，高校要使思想政治教育真正体现出对今天经济社会的物质文明、政治文明、精神文明和社会文明的导向作用，焕发出智力支持和精神支柱的无穷魅力，释放出应有的优势。新时期的思想政治教育，特别要在增强时代感，加强针对性、实效性、主动性上下功夫。

在社会转型时期，利益主体呈现出多样化的趋势，这就为把握多样化教育对象的特征增添了工作难度。此时，采用自我教育法，为教育对象创造良好的学习气氛，在确保引导机制的条件下，让他们自主决策、分析、判断、确定教育的具体内容、难易程度、有效途径、形式、手段等，就是遵循了针对性这一原则。因为受教育者自己最清楚自身的情况，诸如理论知识水平、思想观念状况、困惑或疑难的问题等。有了好的针对性，即使开不出包治百病的灵丹妙药，至少也是"对症下药"，其实效性虽不会"立竿见影"，也定然能够很明显。

二、对西方国家思想政治教育方法的"洋为中用"

尽管西方思想政治教育方法产生、发展的经济基础、政治条件和人文背景与我国思想政治教育方法完全不同，而且携带着诸多资本主义法权理念等腐朽思想，但在发展社会主义市场经济的今天，借鉴和吸收其先进的东西对我国思想政治教育方法的创新发展意义重大。

（一）西方国家思想政治教育方法的局限性

综观西方思想政治教育方法，其实效性、层次性的优势特别明显，但我们也发现了它的一些局限性，这主要在于：

1. 选择方式的任意性

思想政治教育是统治阶级对其成员施加有目的、有计划、有组织的影响的教育，其目的性、计划性和组织性十分明显，因而，其方向性也十分清晰。虽然西方国家在思想政治教育方法的实施过程中强调选择方式的自由性和灵活多样性，但由于太过放任自流，又缺乏必要的统一性的明确规定，极易导致其结果走向任意性、随便性，这样反而削弱了教育的实效性，甚至在某种情况下可能南辕北辙、适得其反。我们不赞同一味注重所谓的"德目主义"，但也对没有一致方向、目的的任意选择方式持否定态度。

2. 唯科学的片面性

重视科学成果，将其引入思想政治教育方法，不仅会增添新鲜有益的科学成分，而且与多种学科的结合会促进其不断发展、完善。但是仅仅视科学为科学就犯了片面性的严重错误。例如，自然科学鼓励追求精益求精，在某一项具体数据的获得上应尽可能精确、准确，注重定量分析，而思想政治教育中关于人们思想、观念、品德的评判、界定更多的应是定性分析。基于定性分析进行定量分析无疑会增进分析的科学性，但又不能持唯有定量分析才是科学的观点。西方思想政治教育方法在具体运用时难免在"唯科学论"思想指导下走入迷途，一方面花费大量的物力、人力、财力进行不必要的数据验证和量表分析；另一方面忽视人的思想复杂性，简单地进行归类而随便地错误套用，最终有损教育对象的正常情绪，致使其消极或愤懑、不满。

（二）借鉴西方的渗透法

1. 采用途径和手段的多样性

正确的途径和手段是实现教育目标，达到教育效果的重要因素。随着科学的发展和社会的进步，人们的生活更加丰富多彩，人们的兴趣也正向更大的空间拓展。单一性与刻板性的教育方式很难适应人们的情趣，用新的途径和手段来贯彻德育目标已成为时代的要求。西方一些国家在进行思想政治教育时特别注意采用多样化的途径和手段。

2. 涉及范围的广泛性

一些西方国家运用渗透式教育法进行思想政治教育所涉猎的范围和领域极其普遍和宽阔，它包括政治、经济、文化、教育、军事、宗教等方方面面。可以说，凡是思想政治应属的空间它都侵蚀着、渗透着。

3. 作用和影响的深远性

由于渗透式教育法具有隐蔽特性，它与显性的灌输法相互对立：一方面难以被人们所关注而有所忽视，另一方面能够缓和教育者与受教育者在教育实施过程中出现的一些矛盾冲突，因而更容易被受教育者所接纳，其产生的作用和影响也深刻得多、持久得多。

（三）借鉴西方的心理咨询法

借助心理科学知识，运用精神分析方法对存在心理障碍的学生进行意识层面的引导，具有消除心理困惑、缓解心理矛盾、调整心理失衡的良好的教育、指导作用，因而心理咨询自诞生以来就备受关注和青睐，其已被广泛地应用并向别的领域延伸、拓展。鉴于此，对心理咨询进行探讨，并思考其在思想政治教育中的当代价值，不仅是社会发展和人类进步的需要，而且是科学精神的召唤。

1. 心理咨询的功能、工作原理及其特征

现代心理咨询及心理治疗自弗洛伊德首创以来发展至今，一直受到理论界、学术界的高度关注，并在实践中得到推广应用，取得了显著的成效。实践证明，为了使一个遭受过重心理负荷摧残的人恢复健康，对其进行心理上的测定、分析，通过解决其意识层面上的问题，来调整心理失衡，成效远远超过单纯药物治疗的方法。心理咨询的功能，主要体现在缓解个体的心理矛盾冲突、实现人的自身和谐、同一性上。

面对纷繁复杂的大千世界，人们的大脑将做出何种思考呢？这就是我们所谓的人类意识的特别功用。物质决定意识，意识反映物质，同时具有相对独立的能动作用，而能动作用发挥得好坏又制约于人脑的机能。因此，意识乃是社会实践中的人们凭借语言功能在不断进行社会交往的过程中产生的对客观现实的一种认识或反映。显然，"意识是心理的高级形式"，但是并不能由此断定所有拥有正常头脑的人的心理都是健康的。由于人是社会关系的存在物，"在其现实性上，它是一切社会关系的总和"，因而，关于人的本质是"他自己的本质"的论断曾遭到攻击。基于此，个体只有被社会群体所认同、接纳，才有其存在的价值和生活的意义。

2. 心理咨询在思想政治教育中运用的当代价值

第一，坚持以人为本的思想理念，确保思想政治教育的平等性、民主

性和创造性。以人为本的思想理念强调人在认识世界和改造世界的社会实践中的突出地位和作用。思想政治教育的核心是关于人的工作，因而当我们开展思想政治工作时，"坚持以人为本"，就是要求我们将工作出发点和归宿点放在人上，围绕人去考虑一切问题、解决一切问题。

"以人为本"思想，要求我们尊重他人、理解他人、同情他人、接纳他人、信任他人、关心他人、帮助他人、服务他人。当进行心理咨询时，咨询者与咨询对象建立一种平等的关系成为首要的条件和必要的前提。也就是说，心理咨询的过程，既是心理咨询师协助来访者解除心理障碍的过程，又是咨询者与咨询对象进行心灵对话而缓解心理压力的良性互动过程。只有这样，在借鉴心理咨询法进行思想政治教育时，才能避免教育者与受教育之间的不平等现象。

第二，遵循人的心理运行机制，顺应人类进化的发展阶段，深化对思想政治教育方法规律性认识。随着一个人的成长壮大，其发育渐趋完成，生理运行机制也走向成熟，并逐渐发挥着相应的独立作用。机制原指机械的装配、运行原理，此处借用它指生理、心理的一种工作方式。人的心理运行机制，即指人的一种心理活动方式，它是通过人的心理过程，如知、情、意等反映出来的。其中的"知"指认识，包括感觉、知觉、注意、记忆、想象、思维等方面。当客观事物直接作用于人的感觉器官时，人脑中首先呈现出该事物的个别属性，然后是集体形象，接着是心理对一定对象的指向、集中、反映，最后是心理的创造与借助语言的概括、间接反映。"情"则指情绪和情感，是人关于客观事物是否符合自己的需要的一种态度体验。"意"指意志，即通过有意识地支配、调节其行动而实现预先确定的活动目的和方向。一般来说，人的心理活动过程遵循着从知到情再到意的活动规律，也即遵循着先体验后理性的认识法则。心理咨询强调咨询对象应充分发挥自己的主观能动性，去挖掘造成心理失衡的原因、根源，也即寻求导致心理障碍的初始原因，因而心理咨询应严格遵循人的心理机制运行规律。

三、推动思想政治工作理念的创新

理念是战略决策的哲学基础，是一切行动的理论先导。为了适应时代发展和社会实践发展要求，必须树立创新意识，只有树立创新意识，才能不断从新的角度去思考思想政治教育新问题，不断开辟新的思维空间，获得创造性思维，从而正确把握思想政治教育与社会发展的内在联系和人的客观发展规律，敏锐观察和准确判断社会发展的新趋势、新观念以及对思想政治教育提出的新要求、新挑战，快捷地捕捉和掌握思想政治教育改革与发展的新信息，指导思想政治教育实践，增强思想政治教育的针对性、时效性、主动性。

（一）以人为本的理念

党的十六届三中全会提出了"坚持以人为本，树立全面、协调、可持续的发展观"，内涵十分丰富，涵盖经济、政治、文化、生态环境等方面。"以人为本"作为科学发展观的重要组成部分，它既是目的，又是过程。是目的，指社会发展最终是为了人的全面发展；是过程，指在社会发展过程中要始终以人的全面发展为指针。任何一项制度的发展、任何一项工作的推进都要看能否满足人的全面发展的需要，能否代表、维护和实现最广大人民的根本利益。

首先，以人为本的德育理念就是要以促进人的全面发展为根本目的，解决"培养什么人"的问题；其次，以人为本的理念要求德育工作始终从民众全面发展、健康成才的需要出发，更好地实现好民众的根本利益，解决"如何培养人"的问题。落实以人为本的德育理念，围绕"培养什么人，如何培养人"的问题，要把握四个思考维度。在教育目标上强调以"人"为中心，突出人的全面发展，把人的发展作为教育的出发点和归宿，作为实施教育的基础和根本。这里所指的"人"的发展，不仅包括广大青少年学生，还应当包括一线的专业教师和广大的德育工作者，因为德育并不是一个单向度的教育系统，它不仅对受教育的学生发生作用，而且会对身处其中的专业教师和德育工作者产生引导和推动作用，所谓"教学相长"，也应当适用于德育领域。

在教育对象上要强调和突出人的主体地位，尊重人格，尊重基本权利，尊重个体价值和社会价值，把德育与人的幸福、自由、尊严、终极价值紧密联系起来，贴近民众，了解民众，尊重民众，最大限度地激发和调动学生的积极性、主动性和创造性。要引导人们进行自我教育，培养他们热爱生命、热爱生活、热爱自然的情感，引导他们树立时代精神，追求高尚情操，养成良好品质，这也是德育的生命力所在。没有人们主动参与的德育很难说是"真"的、有效的德育。当然，以民众为主体，并不意味着我们教育工作者就丧失了主体地位，不需要我们自身的积极性、主动性和创造性，恰恰相反，只有改变人们被动受"灌输"的地位，激发人们自主成长、自发进取的主体意识，我们的德育工作才可以说是主动的，也才能更有效地引导和帮助民众。在教育形式上要强调对民众需要的重视，把民众的呼声和要求作为第一信号，把民众满意作为第一追求，把实现民众利益作为第一目标，为民众的发展创造有利的环境与条件，寻找更加广阔的平台和空间，以现代视野培养现代人，以现代精神培养全面发展的人，培养人格健全、素养完备的人。当然，满足民众的需要，实现民众的利益，并不意味着不加分辨地满足人们的任何需要，我们应当根据国家、社会以及学校的规则要求，把握好引导学生健康成长成才的度。

在教育途径上要强调生活化与适应性。生活教育是最直接的教育，生活化的教育能够产生巨大的教育力量。例如，进一步重视文化育人的作用，通过为人们营造积极的文化氛围，让人们在社会文化的熏陶之下健康成长成才；适应民众自主意识增强的特点，克服不考虑民众接受能力与兴趣、空洞口号式的教育模式，变居高临下式的单向灌输为平等交互的双向沟通，变要求式、命令式为选择式、引导式，在民主、平等、和谐的气氛中对民众进行教育引导，让学生在自主选择、自我发问中找到健康成长成才的答案。

（二）素质教育的理念

素质教育理念的形成和发展，是我国教育对长期教育实践的一种总结与突破。素质教育应当以满足人的全面发展，全面提高民众的基本素质为根本目的，是以尊重人的主体性，注重开发人的智慧潜能，注重形成人的健全人格和个性为根本特征的教育。社会经济和高科技的迅猛发展，社会竞争的日趋激烈，决定了人们必须具备良好的综合素质，包括适应社会、开拓创新、人际交往的能力，以及宽厚的基础知识、坚实的专业技能、良好的心理素质和身体素质等。这些素质并不是孤立存在的，而是互相制约、相互储存的整体。所以，素质教育必须遵循人的素质整体结构的规律，从人的整体素质结构出发，使素质教育与人的素质结构相适应。因此，在高校德育工作过程中，必须围绕素质教育，做到智育与德育并举，求知与做人同行。国家强调"德智体美，德育为先"就是这个道理，它突出强调了德育在素质教育中的基础、灵魂、核心的地位和作用。

这里面包含两层意思：一方面，从静态来看，德育是素质教育的一部分，在素质教育中居于首要地位，两者在内容和目标上具有同一性、一致性和包容性，是个体和整体、被包容和包容的关系。另一方面，从动态看，德育对素质教育具有反作用，是最终为素质教育服务的，两者在过程上具有连续性、递进性和循环往复性，是相辅相成和互为促进的关系。德育作为素质教育的基础和内核，对素质教育具有导向作用和辐射功能，它从人类发展和社会需求出发，通过外部运行机制和内部作用机制的相互渗透和作用，向人才发展的终极目标进行导向和辐射，达到预期的整合效果，从而全面提高人的素质。人的素质的培养不应是单向的，而应是复合的。

在具体工作中，由于理念偏差，一些人在工作中往往出现两个极端，形成智育与德育"两张皮"的局面：一方面受应试教育的影响，在一些地方和学校出现了重智育轻德育的现象，导致学生片面发展，重视学习知识、掌握知识而忽视正确世界观、人生观、价值观的培养，忽视做人和良好道德素质的培养；另一方面，在德育工作中对某个方面的要求多，而对人的全面发展方面的教育和服务相对较少，在工作中习惯于从单方面的教育而不是从整体出发，特别是对如何把思想政治要求融入教育教学全过程和学生成长发展全过程的研究还不够。

（三）解决思想问题与解决实际问题相结合的理念

在德育工作中，有两个十分重要的概念，一个是解决人的思想问题，引导人们树立正确的世界观、人生观和价值观；另一个是解决人的实际问题，帮助人顺利成长成才。关心人，爱护人，为人办实事，并把实事办好，这是思想政治教育的本质所决定的。从解决人们的实际问题出发，提高人们的思想认识，把解决思想问题同解决实际问题相结合，是提高思想政治教育实效性的重要途径。历史唯物主义告诉我们，社会存在决定社会意识，社会意识是对社会存在的反映。人们的思想问题是从实际问题中引发，并因实际问题的存在而存在的。要想解决人们由于各种因素、动机所引发的思想问题，进而引导他们的行动，就必须关注和解决人们日常学习生活中遇到的实际问题。在当前形势下，如果不从利益动因上去分析人们的思想问题，不去关心和帮助解决人们的实际问题，只以"正确对待"一言概之，就很难达到目的。因此，我们必须把解决人们的思想问题和解决他们的实际问题紧紧地结合起来，既讲道理，又办实事，这样工作才会见实效。

当前，社会正处在转型时期，在日益严峻的人才竞争和就业市场上，在不断出现的新环境、新挑战的适应中，大学生作为社会各阶层中承上启下的过渡型群体，面临着各种压力导致的种种思想问题和实际问题。譬如，因家庭贫困而对社会公平产生疑惑，因就业竞争激烈而对发展前途产生迷茫，因严格管理与个性张扬的矛盾而产生对抗等。同时，大学生作为一个特殊的利益群体，他们不仅关注解决实际问题的最终结果，也关注解决实际问题的方式和态度，而且迫切需要掌握解决问题的方法、观点等，并对此表现出强烈的筛选性。

在实际工作中，在解决思想问题与实际问题的关系上，有的德育工作者"结合"文章做得不够，或者过分单纯强调思想教育，就事论事，片面强调人们在思想境界上的"拔高"；或者只限于对实际问题的解决，认为实际问题解决了，思想问题就可以解决。德育工作的实践告诉我们，必须把思想教育和解决群众实际问题有机地结合起来、统一起来，把握好人们提出的实际问题该不该解决、什么时候解决等问题。对思想问题的解决如果不与解决实际问题相结合，工作就难以落到实处、收到实效；如果用解决实际问题取代思想教育，就会使德育工作失去意义。正确的做法应该是，解决思想问题应通过解决实际问题来实现，即借助解决实际问题这一环节升华思想，提高觉悟；在解决实际问题的过程中，要强化思想教育功能，凸显解决思想问题的人文内涵和精神支柱的作用。这样，两者相辅相成，相得益彰，就能极大地提高工作的针对性，收到实际效果。

（四）骨干队伍建设专业化、专家化的理念

德育工作是一门科学，有其自身的研究对象、内容和规律，近年来，我们理论研究与学科建设方面有了一定的基础和积累，特别是丰富的实践为德育工作的科学开展提供了强大动力。树立骨干队伍建设专业化、专家化的理念，不仅是保证德育工作科学开展的重要基础，也是加强和改进德育工作的迫切要求。建立一支高水平、专业化的德育工作队伍，要求我们进一步明确队伍建设专业化的理念，从四个方面推进实践。

1. 推进德育工作队伍学习型组织建设

学习型组织是一个不断创新、进步和自我超越的组织，它的最大特点就是全员学习，学用结合，个人与组织共同发展。把德育工作队伍建设成学习型组织，有利于调动这支队伍的积极性、主动性和创造性，增强他们做好工作的信心，提高个人和组织的可持续发展能力。

2. 推进德育工作学科建设

在加强德育工作的专业化建设中，我们应当进一步丰富德育的学科内容，建立起一个比较完整和科学的学科体系，通过学科建设培养一大批专业化的德育工作人才。

3. 推进分层次、分梯队培养工作

一方面，可以通过研究和制定队伍建设规划，通过学习培训、实践锻炼和交流考察等形式，不断提高德育工作者整体的工作能力和水平；另一方面，应当有计划地形成德育工作队伍梯队，培养不同时期、不同领域、不同特色的教育管理专家，特别是在专业硕士、专业博士培养方面要体现学生工作的基本特点。

4. 建立和完善德育工作队伍的激励保障机制

首先是制定德育工作干部的从业标准，对他们进行素质认证。其次是提供政策和条件保证，鼓励和支持他们安心本职工作，制定德育工作干部职称、职务发展序列，使他们当中的专家化人才能够积淀下来，最终形成一支相对稳定的专业化队伍。同时，要开辟这支队伍向外发展的道路，使德育工作干部能进能出，在合理流动中保持队伍的相对稳定和骨干力量的稳定，同时成为各级党政领导干部的重要后备力量和人才资源库。

四、坚持解放思想、实事求是的思想路线

实事求是是我们党的思想路线，也是马列主义、毛泽东思想、邓小平理论、"三个代表"重要思想、科学发展观、习近平新时代中国有特色社会主义思想的精髓。在我国革命和建设的历史征程中，我们党坚持实事求是，把马列主义的基本原理同中国的具体实际相结合，走适合中国国情的道路，实现了多次历史性飞跃，取得了新民主主义革命与社会主义革命和建设的伟大胜利。特别是在党的十一届三中全会以来的四十多年，我们党领导全国人民创造性地走出了一条建设中国特色社会主义的新道路，取得了举世瞩目的伟大成就。这一切都是与坚持解放思想、实事求是的思想路线分不开的。实践证明，只有坚持解放思想、实事求是，才能使理论与实践相统一，主观与客观相符合，才能在实践中创新，在创新中提高。

但是，长期以来，我们却养成了这样一个习惯，那就是上级发什么文件，我们就组织党员和群众学什么文件，上级布置进行什么教育内容，我们就进行什么内容的教育。这样做当然是必要的，但如果仅仅这样做是远远不够的。因为上级的文件和要求是根据整体情况确定的，具体到每一条战线、每一个行业、每一个单位、每一个人，都有自己的特殊情况和特殊问题。这些特殊的情况和问题，只有用特殊的教育内容和特殊的教育方式才能予以解决。即使上级提出了许多内容，我们在每段时间内对这些内容也还有一个选择的问题。党和国家乃至各级领导并不是要求我们仅仅完成上面布置的教育，而是要求我们除了要做好这些教育外，还要根据自己单

位、自己教育对象的情况、特点，安排更多有针对性的内容，采用更多为群众所欢迎的方式方法。只有这样，思想政治工作才可望取得较好的成绩。要达到上述要求，思想政治教育者就必须在教育过程中坚持实事求是的原则。

毛泽东说："'实事'就是客观存在的一切事物，'是'就是客观事物的内部联系，即规律性，'求'就是我们去研究。"这一解释极其精辟，包含着极为深刻、丰富的内容，包含着对于我们的严格要求。这一定义告诉我们："事"中有"是"，"是"在"事"中，要从"实事"中求出"是"来，就要从"实事"即实际出发。而要做到这一点，在此以前就要走一大段路，那就是要弄清实际情况，真正掌握"实事"。这就要我们花费大量的功夫去调查研究，这是其一。

其二，我们要肯动脑筋对搜集的关于"实事"的材料进行研究。这种研究要达到求出"是"的深度，就像要开挖隧道，必须把隧道打通一样。这就要求我们不仅要勤于开动大脑这个加工厂去思考，而且要有较高的马列主义水平。

其三，我们发现和把握的"是"不仅应是客观规律，而且包括主体实践活动的规律。毛泽东就曾说过："我们要从实践中一步一步地认识斗争的客观规律。"他在他的著作中列举的许多规律都是主体实践活动的规律。所以揭示这种规律，是为了获得改造世界的方法。毛泽东曾说明过这一点，他说："我们要从客观存在的事实出发，从分析这些事实中找出方针、政策、办法来。""求"规律与"求"方法密切联系，前者是要求对于客观世界做出正确的认识，后者则是要求我们对于改造客观世界提出正确的方法。前者是后者的基础，后者是前者的继续。两者的共同点就是要"求正确"。因此我们说，实事求是的实质就是要从实际出发去求正确。而"一个正确的认识，往往需要经过由物质到精神，由精神到物质，即由实践到认识，由认识到实践这样多次的反复，才能完成"。因此，实事求是是需要付出艰苦的努力才能做到的。

实事求是是每一位思想政治工作者都应该努力争取做到的，思想工作说到底也只有两个方面：一是正面教育，二是批评帮助。前者好似给人增加营养，后者则好似给人治病去疾。正面教育要坚持缺什么补什么的原则，批评帮助则要坚持有的放矢、对症下药的原则。要坚持这两个原则，思想工作者就要对对象的思想及其他方面的情况有一个十分清楚、全面的了解。你要给人家增加营养，就要知道人家缺少什么营养；要治好人家的病，就要弄清楚人家患了什么病。不了解对象在想什么，我们的思想工作就可能是隔靴搔痒，无的放矢。因此，思想政治工作者必须勤于调查，广泛深入群众，深入基层，如深入农民的田间地头、深入工人的车间、深入社区居民区，甚至深入民工的工地，通过开展讨论、问卷调查等手段了解人们真实的思想以及情绪。在掌握大量的第一手资料后，进一步分析研究，总结其规律，从中找出其"规律性"，从而提出有针对性的思想政治工作方法和形式。如果对象是一个群体或集体，那么我们还要通过调查弄清楚什么问题是带有普遍性的问题，哪些问题是急需解决的问题。弄清对象的情况是我们做好思想政治工作的突破口，只有打开这个突破口，我们的工作才有可能向纵深发展。

从上述要求可以看出，要做到实事求是，首先需要的是对国家、对人民的高度负责的精神。只有有了这种精神，我们才敢于去坚持真理，不唯上、不唯书、只唯实；只有有了这种精神，我们才能做到勇于吃苦，埋头苦干，坚持不懈地做好调查研究工作；只有有了这种精神，才能把自己的精力集中到自己所做的工作上，刻苦研究，不断地开拓创新。其次，需要有较高的理论水平和较强的思维能力。要从经验材料中揭示出本质和规律，就要有抽象、概括等逻辑的或辩证的思维能力；要选择确有针对性的教育内容，就需要知道什么文献中有这样的内容；要讲出全面、深刻的道理，自己的手中就要有真理。如果我们具备了这些条件，思想政治工作中就很少有什么问题能够难得住我们了。

五、创新必须在加强针对性、实效性、主动性上下功夫

思想政治工作的创新，要牢牢抓住"三性"，贯彻理论联系实际的原则，发扬密切联系群众的作风，及时关注和努力回答群众的所思所问，认真总结工作中的经验和问题，尤其要找准薄弱环节，有针对性地予以加强

和改进。要切忌形式主义、教条主义，克服简单化、片面性，讲究方式方法，注重工作效果，不断提高思想政治工作的有效性。思想政治教育必须坚持从实际出发，因地制宜、因人制宜、因事制宜、因时制宜。要努力做到四个结合：

（一）把先进性要求与广泛性要求结合起来

根据不同对象的情况、不同时期的实际，讲究教育的层次性，明确区分应当提供的、必须做到的、允许存在的和坚决反对的，既照顾多数，又鼓励先进，引导不同觉悟的人一起向上。对广大群众，要大力倡导国家利益、集体利益、个人利益相结合的集体主义精神，引导人们做到"五爱"，遵守社会公德，遵守党和国家的法律和政策。对于共产党员，特别是党员领导干部则要提出更高的要求，引导他们树立远大理想，发扬奉献精神，身体力行地发扬共产主义道德。

（二）把思想政治教育与改革、发展、稳定结合起来

思想政治工作必须坚持以经济建设为中心，紧密结合经济工作和各项业务工作共同去做，将思想教育渗透到生产经营中去，调动一切积极因素，渗透到现实生活中去，渗透到各项工作中去，把落脚点放到推动改革、促进发展、维护稳定上来，切实克服"两张皮"的现象。要坚持团结稳定鼓劲，正面宣传为主，牢牢把握正确舆论导向，唱响主旋律，打好主动仗，团结一切可以团结的力量，化消极因素为积极因素，把干部群众的积极性引导好、保护好、发挥好。

（三）把以理服人与以情感人结合起来

既讲道理，又办实事是我们党思想政治工作的成功经验和优良传统。

做思想政治工作当然要讲道理，帮助群众解开思想症结，提高思想觉悟。但也要看到，当前群众中存在的思想问题，有相当一部分是由于实际问题得不到妥善解决引起的。这些由实际困难而产生的思想问题，不从解决实际问题入手，仅靠空洞的说教是无法解决的。这就要求我们必须坚持关心人、理解人、尊重人的原则，把解决思想问题与解决实际问题结合起来，既以理服人，又以情感人，带着深厚的感情做好群众工作，防止和克

服"空、冷、横、硬"现象，把好事办实，把实事办好，真正把党和政府的温暖送到群众的心坎上。

（四）把立言与立行结合起来

要牢固树立群众观点，坚持走群众路线，老老实实向人民群众学习，诚心诚意为人民群众服务。思想政治工作战线上的同志都应是人类灵魂的工程师。要教育群众、引导群众、提高群众，自己首先要有比较高的思想觉悟和精神境界。要求群众做到的，自己首先要做到；要求群众不做的，自己首先不做。广大思想政治工作者特别是各级领导干部，要牢固树立表率意识，坚持身教重于言教，在立言和立行上下功夫，争当群众的表率，努力把真理的力量和人格的力量统一起来。

第二节　新时代高校思政育人教学模式的实施

自主学习模式是新时代高校思政育人教学的重要模式，要在思想政治教学中的实施自主学习模式，就要搭建好两个平台，即课上平台和课下平台。课上平台要求任课教师课前通过与辅导员和班干部的座谈充分了解学生，在学期初对学生进行分组，每组成员不多于 10 人，每个组都要确立自己组的称号、标志、组歌，以增强小组内部的凝聚力，以利于学习活动的开展。课下平台要求教师设立自己的博客或把自己的课件、练习、心得传到校内网上，供学生下载。此外，也可为学生开辟一个交流天地，例如，每学期为班级建立一个思想政治理论课学习 QQ 群或者微信群，师生可以在群内发起讨论，讨论时事，也可以和学生互发邮件解决学生的思想问题和困惑，学生之间也可以利用网络平台互相交流。具体来说，自主学习模式包括自主学习、自主应用和自主管理三个环节。

一、自主学习

自主学习环节包括学生的自主读书、自主辩论和自主练习三个方面，目的在于使学生全面掌握教材，熟悉思想政治的相关理论。

（一）自主读书

为了使学生在课堂上有较多的活动时间，教师首先要充分理解教材，熟练掌握教学内容，在授课时贯彻"少而精"的原则，主要讲述重点、难点、热点问题，阐明每一章学生应掌握的基本知识。其次，教师要根据每一章的教学内容编制读书指导，设计具体的指导方案，组织学生利用较多的时间自主读书，提出问题。

（二）自主辩论或讨论

对于学生提出的问题，首先可在小组内部予以解决，如果小组内部解决不了，可以组与组之间进行交流。而对于一些重要的带有普遍性的问题，可以由每个组提出自己的不同观点，由学生进行充分的讨论或者辩论，老师做好引导和总结工作。

（三）自主练习

对于每一章的授课内容，教师都要编好思考题，每个学生自选 5 道练习并自己回答，不允许一个小组内的两名同学选择完全一样的题目，然后由学生相互交流，最后教师统一做辅导。

二、自主应用

自主应用环节主要包括自主竞赛、自主实践以及自主写作三个方面，其目的在于使学生能够自由运用理论知识，锻炼学生分析问题、解决问题的能力。

（一）自主竞赛

每学期结合纪念日活动及热点、难点问题组织知识竞赛，加深学生对时事问题的掌握和理解。竞赛要以组为单位，在组与组之间进行，从选题、评判到主持等都由学生自己准备，教师只需做好把关和指导工作。

（二）自主实践

在学习过程中要由学生自主选择实践方式。一是进行课程讲授，在教师的指导下，学生根据授课内容，上网查询资料，自编课件，进行授课。二是进行社会调查，在教师的指导下，学生自主确定调研提纲，确定采访对象，最终形成调研报告并在课堂上进行汇报。

（三）自主写作

教师根据授课内容列出题目，由学生自主选择自己感兴趣的题目进行深入研究，写出优质论文，提高论文的写作水平和实际运用知识的能力。

三、自主管理

自主管理环节包括自主总结、自主考试和自主测评三个方面，目的在于使学生的自主管理水平和教师的授课水平均获得提高。

（一）自主总结

每学期初，教师都要给每个小组发放一个本子，由学生自己记录在这一学期中的成长历程和课堂参与情况。学期末，每一个学生都要把自己的学习体会写下来，既包括收获，也包括不足，还要对老师的教学提出一些建议，以便教师了解自己教学的实效性，并有针对性地改进自己教学中的不足。

（二）自主考试

试题题目，尤其是分析题的题目，要在学生中征集，因为这样的考试题目更贴近于学生的实际生活，更能够锻炼学生的思维能力。考试要采取开卷形式，不要求死记硬背，更加注重能力的培养。

（三）自主测评

自主测评包括两部分，一是对教师的测评，学生要对教师的教学方法、教学内容、教学态度、教学手段、教学效果等进行评价，利用评价系统给教师打分，促使教师不断提升自己的教学水平。二是对学生的测评，对学生的测评由学生自评、小组测评、教师打分三部分组成，以保证成绩的客观性。

自主学习模式对传统的教学方法、考试方法进行了变革，克服了片面注重知识讲授和知识考核的弊端，更加注重问题分析能力和问题解决能力的培养和提高，激发了学生对课程的参与热情，强化了学生对思想政治知识的理解和掌握度，显著增强了教学实效，促进了教师的自我提高，是深入推进思想政治教学改革的重要途径。

第三节　新时代高校思政育人教学方法的创新

思想政治理论课教学方法，就是思想政治教育工作者在思想政治教育过程中为达到一定目标、完成一定任务，而对受教育者采用的认识方法和实施方法。现代教学论认为，教学有法，教无定法，贵在得法。好的思想政治理论教学方法，有助于教师与学生之间良好的，有利于交流、引导、教育的关系的确立，否则，会导致二者之间僵化、互逆与对抗，从而导致思想政治理论课教学功能的丧失。正如皮亚杰所说："好的教法可以增强学生的效能，甚至加速他们的精神成长而无所损害。"

现代社会科学技术及经济的快速发展，尤其是新媒体技术的出现，对思想政治理论课教学方法也提出了新的要求。思想政治理论课教学方法的创新是克服和解决思想政治理论课教学针对性和实效性不强，确保思想政治理论课教学价值实现的有效途径和手段。思想政治理论课教学方法的不断创新，既是时代发展的要求，也是思想政治教育自身规律的要求，更是新媒体环境下思想政治教育的要求。

一、新媒体时代思想政治理论课的教学方法

从思想政治理论课教学实践来看，改革和创新教学方法是提高教学效果的桥梁和手段，它有助于思想政治理论课教学更具有针对性、实效性，可以使教学内容更具有吸引力、感染力。然而，长期以来，在思想政治理论课教学方法上存在很多问题。长春工业大学校长张德江将这些问题总结为"五个过多与五个过少"，即：灌输式过多，参与式过少；结论型过多，问题型过少；封闭式过多，发散式过少；重分数过多，重能力过少；重书

本知识过多，实践训练过少。这五个过多与过少，可以说是重教有余，启发不足，强化了教师、课堂、书本这三个中心，弱化了学生学习的积极性和主动性，造成了学生实践能力、创造能力低弱的情况。自《高等学校思想政治理论课建设标准》《新时代高校思想政治理论课教学工作基本要求》《关于深化新时代学校思想政治理论课改革创新的若干意见》施行以来，已经有了比较科学的课程设置，有了高水平的教材和基本有所遵循的教学纲要。但是，在新媒体时代，如何利用新媒体技术这种载体，使新教材的理论体系有效地真正进入大学生的头脑，使他们真正坐得住，学得进，听得懂，记得牢，用得好呢？这是教学方法必须回答和解决的问题。

（一）创新课堂讲授法教学

1. 讲授法

讲授法是传统思想政治理论课教学的基本方法，采用讲授法可以通过教师大量、集中、直接的讲解，帮助学生在有效教学时间内短、平、快地掌握课堂教学知识，不失为提高教学效率的一种简捷途径。但讲授教学也存在着致命的弱点和局限，主要表现为教师独占课堂、学生成为被动接受单一教学信息的受众。在这种教学方法中，讲解与倾听成了教与学双方主体各自的主要任务，其结果必然造成学生学习被动，缺失学习积极性与热情，学习方法机械呆板，实践和创新能力低弱等现象。在大学生思想十分活跃，形象思维高度发达的新媒体条件下，传统的、单一的思想政治理论讲授教学必须改革。

2. 专题式讲授法+轮班讲授法

专题式讲授法是以北京大学马克思主义学院的思想政治理论课教学为代表进而推广的。这种讲授法是在严格遵循统编教材的主要内容和逻辑结构的基础上，既依据教材，又不拘泥于教材，以"专题"为单位整合教学内容的一种方法。采用专题式教学讲授法，能够达到术业有专攻的效果。因为教师各有所长，也各有所短，一位教师知识水平有限，纵然使出浑身解数也很难完美准确地把握并教好一整门课程，而采用专题式讲授法，则可以最大限度地发挥教师专业所长，而且有利于教师形成集中的研究方向，深化教学内容，也有助于教学团队的团结协作力量的发挥。比如将《思想道德修养与法律基础》这门课程整合为人生观价值观、道德观、法治观这三个大专题，每组三人，各自集中力量准备一个专题，进行轮换教学。从教师角度来看，这样的打破了统编教材画地为牢的章节目，以专题为基础设计教学内容，有利于教师集中精力、时间关注学生现实生活中的实际问题，深化教学内容和方法的研究，减轻了教师的负担。从学生的角度来看，在一门课程中感受到不同教师的教学风格，能激发学生的学习热情，满足求知要求，增强学习兴趣。专题式讲授法容易出现的问题是，打破了原来一门课比较完整的整体教学体系，调整了原有教学内容设计中相互的逻辑关联，如若处理不好，会造成教学体系结构混乱与松散，导致理论因无法相互证明而丧失说服力。这就要求思想政治理论课教师必须根据专题教学的实际需要，深入了解和把握教学体系内容，合理统筹，加强理论整合力，使之既体现专题的针对性，又能反映知识内容的相互连贯性，从而使教学体现出时代性、完整性和逻辑性。以《思想道德修养与法律基础》为例，利用新媒体技术用拼图块的无缝连接来体现人生观价值观、道德观、法治观这三个大专题的相互补充及其不可分割性，加上教师生动的讲解会一目了然，形象直观。

3.“一多结合”的讲授法

新媒体技术的发展，改变了传统的“一支粉笔一张嘴、一块黑板一杯水”的课堂模式，使教学方法手段有了多样的选择。思想政治理论课教学中的“一多结合”，是指同一个教学内容由多个教育主体、采取多个（不同的）理论视角，选择不同的理论工具，分别阐释的教学方法。其主旨是在思想政治理论课堂教学过程中多角度切入某一重点教学内容，如请不同专业的教师或专家同堂对话并对学生进行讲授、交流。“一多结合”讲授有利于增强高校思想政治理论课的理论魅力，增加教学内容的科学性与深刻性；有利于加深受教育者对教育内容的理解，提高多种角度学习理解知识的水平、能力，增强学生的学习主动性。例如，在讲《思想道德修养与法律基础》的绪论“珍惜大学生活，开拓新的境界”这部分内容时，对于大学生应该如何更好地适应人生的新阶段，授课教师结合新媒体课件在进行深入浅出的、细致的分析之后，为了让学生对教学内容有更深的体会，可以请本校的高年级学生或已毕业的优秀大学生有针对性地介入，讲述自己是如何适应大学生活，学有所成的。这样既有助于大一新生加深对大学生活的认识，更有助于其自身实践能力的提高。

（二）推进案例式教学法

案例式教学是1998年由大连理工大学率先引入思想政治理论课教学的。案例式教学方法实质上是理论联系实际的一种具体表现形式。这种教学方法是在理论课教师的指导下，把实际生活中的事例引入课堂，有利于提高学生分析问题、解决问题的能力，从而使学生自觉不自觉地学到知识。要想很好地实施案例式教学，最关键的问题是要处理好教材和案例之间的关系，将案例和教材结合起来，既不能脱离教材而运用案例，也不能用案例代替教材，只有这样，才能保证这种教学方法的可行性、系统性和生动性，从而更好地实现教学目的。案例式教学法的核心在于组织课堂讨论，形成师生之间互动、学生之间互动的一种动态的、开放的教学氛围。在实施案例式教学的过程中，课堂上教师的理论引领和提升是非常必要的。在实际的教学过程中，学生在分析案例时，很难找到案情与教学内容的契合点，他们还不能把案例上升到一定的理论高度来进行分析。所以，在具体组织和实施教学的过程中，任课教师可以根据教学目的、教学内容以及授课对象的不同，灵活掌控教学模式，既可以在理论内容讲授之前抛出案例，启发学生思考，引出要讲的内容，也可以先进行系统的理论内容的讲授，之后再抛出案例，引导学生学以致用。案例式教学方法丰富和发展了传统的思想政治理论课教学方法与手段，对于提高思想政治理论课教学的实效发挥了重要作用，尤其提升了学生的实践能力，是现代思想政治理论课教学设计的一大亮点。案例式教学法中的案例既可以选择视频案例，也可以利用PPT制作图文并茂的案例。利用新媒体技术，更易于大学生接受并深刻体会教学内容。

（三）突出实践教学

实践教学是深化思想政治理论课堂教学的关键环节，是学生获取、掌握知识的重要途径。思想政治理论课实践教学近些年来受到了政府相关部门和高校的更多关注，也涌现出许多成果与经验。《新时代高校思想政治理论课教学工作基本要求》中就明确要求各高校要科学运用教学方法，加强实践教学，并特别强调了优化实践教学的重要意义。实践教学作为课堂教学的延伸拓展，重在帮助学生巩固课堂学习效果，深化对教学重点难点问题的理解和掌握。高校要制定实践教学大纲，整合实践教学资源，拓展实践教学形式，注重实践教学效果。实践教学是切实提高思想政治理论课教学实效性的一种理论联系实际的教学方法。它打破了传统课堂教学的单一教学方式，使学生走入拓展性教学空间——社会生活，丰富的社会实践可以帮助学生巩固所学知识，开阔视野，拓宽生活范围，深化对社会的认知，提高独立思考：解决问题的能力。思想政治理论课实践教学是寓教于行的教学过程和教学方法，它的有效载体包括社会调查、生产劳动、志愿服务、公益活动、科技发明和勤工助学等社会实践活动。思想政治理论课教师尤其要抓住重大活动、重大事件、重要节庆日等契机和暑假、寒假时期，紧密围绕一个主题、集中一个时段，广泛开展特色鲜明的主题实践活动。

为增强实践教学的实效性，高校要根据学生实际来设计实践教学形式。大多数情况下，针对大一新生会开设"思想道德修养与法律基础"课、"马克思主义基本原理"课，因此，教师应根据新生特点，尽可能地使用一些体验式、交流式、竞赛式的实践教学形式，比如演讲比赛等。大二主要开设"中国近现代史纲要""毛泽东思想和中国特色社会主义理论体系概论"课，教师可以适用调查式、辩论式等实践形式培养学生观察、思考和解决问题的能力。总之，思想政治理论课教师在实践教学过程中，只有以学生为本，结合学生的具体特点，灵活机动地运用各种不同的教学方法进行教学，才能真正地增强教学效果。同时，强化实践教学，还要求学校为实践教学提供必要的机制与后勤保障。保证机制有动力、有活力，反馈迅捷。加大经费投入则是提高实践教学实效的物质保障。强化思想政治理论课实践教学只有做好这两点，才能保证实践教学计划的真正落实，也才能保证实践教学实效作用的进一步发挥。

（四） 有效采用情境式教学

情境式教学就是指教师依据教学目标、教学内容以及学生的实际情况创设特定的教学情境，从而引导学生自主探究的教学方式。具体来说，"它是指在教学过程中，教师有目的地创设或引入一个相关问题的情境，使学生产生身临其境之感，以引起学生一定的心态和情感体验，扩大学生的知识视野，刺激学生思考的积极性，从而促使学生以最佳的情绪状态主动投入，主动参与，主动探究，主动发展，从而启发、帮助学生掌握、理解知识，提高其分析问题、探求问题和解决问题的能力"。情境式教学模式是以学生的"实践"为中介，通过指导学生参与社会实践活动，亲身去体验并启动心智去感悟和内省，或是通过科学的、有目的的典型情境的设置，让学生在"做"中体悟，在"参与"中反省，从而实现情感的整合和认知的建构，并将思想政治理论的学习转化为政治情感和道德素质的践行。

思想政治理论课情境式教学方式强调学生的自主体验，不是灌输抽象概念和规则；重视创设适宜的教学情境，充分发挥情感在教学中的作用，是一种启发学生学习兴趣的开放的教学模式。这种教学模式的构成一般有创设情境、确定问题、自主学习、协作学习、效果评价等环节，包括角色扮演、行为实践、多媒体设备创设情境等方式，集言、行、情三者于一体。思想政治理论课教学引入情境式教学模式能够从根本上改变思想政治理论课传统教学中单一的泛泛讲解。例如，《毛泽东思想和中国特色社会主义理论体系概论》一课的教学运用多媒体手段，可以打破时间、空间的限制，以千变万化的表现手法和丰富多彩的电视画面，栩栩如生地再现中国特色社会主义现代化建设和改革开放的历史进程，使抽象的文字、说理变成有声有色、有血有肉的鲜明形象，图文并茂，极大地刺激学生的感官系统，加深他们对理论形成的深刻理解和把握。《思想道德修养与法律基础》一课的情境式教学则既可以在课堂上由学生参与教学，也可以利用DV 等录制大学生扮演的相关教学内容角色片段进行情境教学。

（五） 持续推进多媒体辅助式教学和网络式教学

运用多媒体技术以及网络辅助手段开展教学活动是现代化教育的重要

标志，而利用教师的语言组织能力、肢体语言和个人魅力是传统的思想政治理论课教学方式中常用的教学手段。多媒体辅助式教学与传统的教学模式相比，具有更直观、更生动形象、趣味性强等特点，正日益成为一种被广泛推进且有效的教学方法。因此，反映时代主旋律、政治思想主题的思想政治理论课教学不仅在形式上要用先进的现代教育技术手段武装自己，在内容上也应当深刻地体现时代感和现实性。从这个意义上讲，思想政治理论课教师应当具有自主研发多媒体课件的意识和常用常新的能力。首先，要注意以理论为主线，精心设计，力求内容简明、形式生动、富有个性。具体地说，如：画面构图简洁大方，字幕清晰准确，背景颜色协调；画面主题鲜明、突出，符合认知规律；画面切换方法基本一致，以免令人眼花缭乱，分散注意力，影响教学效果。为调动学生学习积极性，强化学习效果，课件应预置课堂讨论等学生活动空间，并在每一章节后设出相应的单选、多选、辨析、讨论等练习题及标准答案。这样就会使多媒体辅助式教学通过生动活泼的直观手段恰到好处地体现具有较强的理论性、系统性、严谨性的思想政治理论教学内容。其次，要正确处理使用多媒体与不同教学方法之间的关系。在教学过程中，要善于将多媒体辅助式教学方法与其他教学法有机地融合，从而在整体上提高思想政治理论课的教学实效。此外，思想政治理论课教师对现代教育技术的掌握程度及机器的硬件性能指标等都是教学中应予以关注的重要问题。如果机器性能较差，分辨率不好，会使教室内可视度降低，由于门窗紧闭，窗帘遮掩，空气流通不好，不利于学生笔记，有碍用眼卫生，将影响学习效果。选择性能好、高流明的投影机，可以使学生在观看投影的同时，自如地看教材、记笔记，并保持良好的学习情绪。应当指出的是，多媒体终究是用来支持教学活动，提高课堂教学效率的一种辅助性的教学手段，它不是教案的简化，也不是专题录像集的播放；不能取代教师的讲授，更不能代替理论的论证和师生情感的交流。

当网络以惊人的速度走进人们生活时，网络式教学以其独特的优势、作用，对传统教学产生了不可抗拒的冲击。与其他媒体相比，网络在信息传递、储存、生成上具有明显的快捷、便利、丰富、生动等优点。将网络引入思想政治理论课教学中有利于改善和提高思想政治理论课教学质量。由于新媒体网络信息传播的"时空无屏障",它既可以发挥传统教学方式的优势,又可以突破时空界限、宏微观限制,创新教学方式,使封闭的"填鸭式"教学转变为具有开放性的互动式教学。集图、文、声、影于一身的网络技术为高校思想政治理论课堂教学提供了理想的教学环境,使大学生学习方式发生了深刻变化,使思想政治理论课的课堂教学焕发出新的生命活力。思想政治理论课网络式教学的最大特点就是利用网络上丰富的信息资源吸引学生主动参与教学活动,使学生成为教学活动的主角。思想政治理论课教师要精心策划和设计教学活动,充分利用各种交流式教学方式,使学生发自内心地投入教学活动中,并喜欢它,热爱它。这种寓教于乐、寓教于学的体验式、交流式、参与式教学方法提升了学生的主体地位,从而实现了由强制被动的"要我学"转为主动积极的"我要学"的目标。

高校要增强思想政治理论课教学的实效性,推进网络式教学模式的路径:一是搭建平台,建立高校思想政治理论课学习交流网站。主动的正面灌输和教育向来是我党思想政治教育的传统优势,进入新媒体时代的今天,我们仍然要依靠这种方式来占领互联网这个思想政治教育的制高点。这就要求高校在网上开设宣传马克思主义理论,宣传党的路线、方针、政策,宣传社会主义道德和其他科学理论的网站,对师生进行正面的教育。创办高校思想政治理论课网站时,可以通过设置各种专栏来实现资源共享。要创建一些贴近校园生活、贴近学生的融知识性、趣味性、服务性为一体的网站,在网上建立大学生思想政治教育的平台,通过这一平台对学生进行思想政治教育。二是开设思想政治理论课网络课堂。它的内容要丰富,形式要多样,具有选择性、方便性、长期性,在这里学生可以自主选择学习内容。通过开设网络课堂,可以实现教学手段多样化,增强教学的吸引力和感染力。开设网络课堂,必须采用多媒体授课,网络上的课件要做成 CAI 课件或 PPT 课件,同时要将思想政治理论课的教学内容做成电子教案挂在网上,以便于学生浏览和阅读。三是要实行网上与网下无缝链接。网络教学只是思想政治理论课教学的一种选择方式。思想政治理论课教学要显示其强大的生命力，必须有效地实行网上网下的无缝链接。这就要求建立一个覆盖高校而又辐射社会的立体交叉大网络，实现网上网下互动、课内课外互补，比如课堂教学后的师生网络答疑、交流，可以充分利用 E-MAIL、QQ、MSN、FETION、SKYPE 等与学生保持生活、学业上的联系，通过 BBS 了解大学生的思想动态，通过博客实现师生资源共享等，通过各种健康的网络活动，吸引学生积极主动参与，使大学生接受健康的网络文化的熏陶，从而净化心灵，提升精神境界。

总之，思想政治理论课教学方法创新要体现多样性。要综合运用课堂讲授、情境式、案例式、实践式、多媒体辅助式以及网络式等教学方法开展教学活动，将不同的教学法配合起来，实现优势互补，努力创新各种教学方法灵活运用和综合运用模式。

二、创新思想政治理论课教学方法的基本要求

（一）倡导和坚持启发性教学原则

启发式教学即指受教育者在教育者的启发诱导下，主动获取知识，发展智能，陶冶个性，形成完满人格的过程。它符合教育教学规律和人才成长规律，具有从学生实际出发、尊重学生主体地位、注重学生能力培养等特征，是思想政治理论课堂教学的基本思想和基本原则。无论采用何种方法教学都应当坚持启发式教学原则。实施启发式教学应遵循如下要求：一是要立足学生实际。运用启发式教学的基本前提就是要立足学生实际，全面了解学生的生活、学习、思想和心理实际，包括学生的认知水平、知识结构、学业成绩、心理需求、兴趣爱好等。二是要激发学生的问题意识。坚持启发性教学原则，思想政治理论课教师在课堂教学活动中就要避免简单训导倾向，从重说教、轻启发，重灌输、轻交流，满足于传授知识，摆大道理，而不太关注学生是否喜欢，是否能吸收和内化转向针对思想政治理论课教学实际内容由情入理地引导，根据大学生关注的视角，认真设计富有启发性的问题，运用启发性的语言，启发学生的思维，进而激发大学生的主动探求欲望，从而达到提升学生认识、分析、解决问题的能力的目

的。特别要根据教学实际，利用新媒体技术载体，适当选择和灵活运用不同的启发式教学策略，并在教学实践中灵活运用与创新。比如，在教学环节的把握上，利用视频、PPT 制作案例等多媒体，"作为开篇，引出教学内容，也可以作为结论在教学结束前观看，还可以在教学中间激情引智，作为引发讨论的话题"等。

（二）坚持继承与创新相结合的原则

在新媒体环境下，传统的思想政治理论课教学方法存在一定的问题是毋庸置疑的，但它经过若干年的积累沉淀，并经过时间和实践检验能传承至今，就说明它是有一定科学性和成效的。这就要求我们在创新当代思想政治理论教学方法的同时对传统的教学方法给予充分的肯定和保留，并适当地注入现代元素，也就是说全盘否定和全盘继承都是不正确的，传统的思想政治理论教学方法与创新教学方法是相互补充的关系而非替代关系。只有有效结合运用新方法和传统方法，取长补短，思想政治理论课教学的实效性才能充分实现。

（三）坚持形式服从内容的原则

思想政治理论课教学方法的创新要坚持政治导向的正确性和科学性。新媒体是科学技术进步的结果，是思想政治理论课教学的一种载体和形式，这种形式是为思想政治理论教学内容服务的。高校要强化形式为内容服务的意识，这种服务不是生拉硬造、牵强附会的，更不能本末倒置，要避免出现"形式上热热闹闹，表面上花里胡哨，实际效果看不到"的尴尬局面，应该使新媒体技术成为为学生的发展而服务的资源，而非负担和腐蚀剂。思想政治理论课教学肩负着育人的历史责任和社会责任，因而它不能为了迎合新媒体技术，丧失自身的教育责任与功能。

（四）坚持合理性原则

思想政治教育的本质是理解人、鼓舞人和引导人，使人全面发展，成为适应和促进社会发展的自由人。教学方法的创新，是新媒体时代发展对思想政治理论课教学提出的新的、更高的要求和挑战。利用新媒体技术优化教学内容、教学过程和教学效果，要避免功利化倾向，不能为迎合学生的口味而急功近利，不能一味地追求新、奇、特。要符合学生发展的实际，符合主流社会价值，符合社会发展规律，符合教育规律。

总之，新媒体技术在为思想政治理论课教学开辟新途径、新领域的同时，也对教学方法提出了新课题、新要求，要较好地完成这一课题和要求，就必须遵循新媒体环境下思想政治教育的基本原则，否则，新媒体时代的思想政治教育就很难收到实效。

第四节　新时代高校思政育人教学评估体系的创新

思想政治理论课考评是对教学效果进行的价值判断，也是改进和提高教学效果的重要手段。《教育部关于印发〈新时代高校思想政治理论课教学工作基本要求〉的通知》（教社科〔2018〕2 号）中明确要求："改进完善考核方式。要采取多种方式综合考核学生对所学内容的理解和实际运用，注重考查学生运用马克思主义立场观点方法分析、解决问题的能力，力求全面、客观反映学生的马克思主义理论素养和思想道德品质。"在新媒体时代，高校思想政治理论课要通过考评体系的建立，增强学生接受思想政治教育的主动性和自觉性，使考评体系对学生正确思考与行为产生积极的引导作用。

一、思想政治理论课教学考评体系存在的主要问题

当前，我国高校还没有十分完善的思想政治理论课教学考评体系。已有的教学考评基本上都是借鉴国内外其他学科的经验，是一种套用的方法。我国高校思想政治理论课教学的评价存在的主要问题如下：

第一，考评目标定位失衡。思想政治理论课教学效果是要通过学生的学习效果来检验的。根据思想政治理论课程性质和教学规律，思想政治理论课考评应坚持考评目标与课程目标的同一性。然而，在当前的思想政治理论课考评中，存在考评目标与课程目标丧失同一性问题。一是考评目标

片面。通常情况下，思想政治理论课对学生学习状况的考评，既要考评学生对知识的理解掌握情况，也要考评学生的能力和素质，它要求学生达到对知识、能力和思想政治素质三个方面的综合检验。但是当前思想政治理论课的考评目标仅仅是对基础理论知识的考察，忽视了对能力以及素质等方面的考察。这种考评只需要一份试卷即可达到目的。二是考评目标形式化。由于考评目标的片面性，考评往往流于形式，走过场。

第二，考评方式单一。由于长期的应试教育背景，我国高校思想政治理论课的考评方式还是以知识考评为重点的闭卷或开卷的考评方式。这种考评方式一卷定乾坤，重视对概念、原理的考评，强调对知识点的记忆，忽视学生能力和素质的培养，是一种"重理论，轻实践""重记忆，轻能力""重结果，轻过程"单一的考评方式。

第三，考评导向激励功能失灵。考评的导向功能指挥着教师的教，引导着学生的学。当考评都被量化为分数，并且仅凭分数对学生进行评价时，就会导致学生在学习过程中只注重知识的死记硬背，分析解决问题的能力低弱。思想政治理论课考评的激励作用调节着学生学习的积极性，促进着教师改进教学方法，提高教学实效。思想政治理论课考评的激励作用包括动力激励和压力激励，这两种激励都是极大的促进力量。但是当前所实施的考评内容片面，考评方式单一，往往导致考评结果失真。一旦考评结果不作为衡量学生能力的标准，考评的导向和激励功能也就失灵了。

第四，考评内容的比例不合理。思想政治理论课考评内容所占比例迄今没有统一的标准。在思想政治理论课考评中，关于卷面成绩、平时成绩、实践成绩的比例如何规定，始终很随意，没有理论依据，更没有实践依据。有的实行"三七开"（将平时成绩和实践成绩合为一个整体，占据三分之一的比重），有的"四六开"（将期末卷面考试成绩所占比例调为60%）。而且，在实际操作过程中，最后的成绩都可以进行相应的"处理"。这样得出的成绩显然缺乏公平性。

第五，忽视考评反馈。考评反馈是整个考评过程的最后一个环节，主要是通过对考评结果的质量分析，以期提出合理的考评改进意见，目的就是使思想政治理论课教学和考评进一步科学化。虽然当前思想政治理论课考评大多都有卷面分析环节，但是由于一些学校监管不力，这种活动往往流于形式。即使对卷面考试成绩有所分析，也是简单总结优秀率、及格率，缺少对试卷的信度、效度、难度等的分析，也就失去了思想政治理论课考评对于提高思想政治理论课教学实效的作用。

二、新媒体时代完善思想政治理论课教学考评体系的思路

在新媒体时代，加强思想政治理论课考评体系的研究，建构思想政治理论课考评体系，对于提高思想政治理论课教学质量和效果，促进思想政治理论课教学的针对性和实效性具有重要意义。

（一）与时俱进，加快转变考评理念

考评理念是指对考评所持的基本看法和基本观点。考评作为教学的一个重要组成部分，对教学起着重要的导向作用。有什么样的考评观念和考评方式，就会有什么样的教学观念和教学方法，不同的教学观念和教学方法就会产生不同的教学效果。传统的思想政治理论课的考评理念是通过考试考查学生对于某一知识点的掌握程度，以此作为考评标准，分出层次，排出顺序。因为传统的教育理念是以传输知识为主"精英式"的教育，这种教育培养出来的学生往往能力低下。这种考评采取的是应试教育背景下的考评方式，即以闭卷考试为主要考查手段，以卷面分数作为考评学生的主要标准，这种考评方式更注重书本知识的再现能力，忽视学生的实践能力和创造能力的培养。在新媒体时代，必须转变考评理念，摒弃那些已经过时的考评理念，树立符合新媒体时代发展要求的考评观。

第一，坚持"以学生为本"。制定思想政治理论课的考评模式与方法时要从学生发展需要的实际出发，在考评内容的选取上要导向学生的全面发展，这就要求高校注重选择那些对学生发展和能力提升有帮助的内容。

第二，把学生的新媒体素养作为一项考评指标。美国媒体素养研究中心认为："媒介素养是指人们面对媒体各种信息时的选择能力理解能力、质疑能力、评估能力、创造和生产能力以及思辨反应能力，其核心能力是培养人的认知能力。"新媒体素养是新媒体时代人的基本生存能力之一。

在新媒体时代，高校思想政治理论课应该将媒介素养纳入教学目标和教学考评体系之中。

第三，坚持科学的、开放的、动态的、全程化的网上道德考评理念。思想政治理论课考评的目标是随着时代的发展以及学生实际情况的变化而变化的，因此，考评目标也要保持开放性，给学生能够发展但尚未发展出来的能力留有一定的空间。考评本身应该是一个不断完善的循环过程，也就是说，当一轮考评结束后，对在此过程中遇到的问题进行讨论解决，对其中产生的有效做法保留并加以完善，对那些不适合的做法予以抛弃。具体来说，这种考评体系的建立可以通过完善学生评优评奖体制，改变评审办法，实行评优评奖学生网上申报，同时配合科学有效的奖惩措施来建立。

（二）开拓思维，健全灵活多样的考评方式

考评方式是通向考评目标的桥梁。考评方式不同，得出的结果也可能大为不同。思想政治理论课考评目标的多重性要求考评方式必须多样。为了适应新媒体时代的发展，高校思想政治理论课要在继承传统有效的考评方式的基础上创新考评方式。当前高校思想政治理论实践中主要采取以下几类考评方式：

第一，平时考查。它通常包括考勤、课堂发言、课堂测验、课后作业、社会实践等。考勤是平时考查必备项，这也是考查学生自我约束、自我教育、遵规守纪的表现。课堂发言是学生是否积极参加课堂教学的体现，也是参与式教学的表现形式之一，它能激发学生主动思考解决问题的能力，更是体现学生创造性的方式。在课堂活动中，学生参与课堂讨论的次数和发言的质量，需要教师亲自负责记录，以作为考评依据。课堂测验则计入平时考查范围，是教师随堂考查学生理解和掌握所讲内容到何种程度的参考。课后作业一般以社会调查报告、论文、资料整理的形式呈现，是教师根据本课重难点和社会实际，留给学生的任务。教师可以通过互联网，比如博客、QQ空间、网络课程的建立，让学生在网上完成课后作业。通过课后作业，既可以考查学生的学习态度，又可以考查学生理论联系实

际解决问题的能力。这里的"社会实践"是指在思想政治理论课教学过程中，就本课所要求范围的实践，而非学生在校的一切行为和活动。在这里要区分思想政治理论课考评范围与大学生思想政治教育考评范围，思想政治理论课强调的实践行为一定是思想政治理论课教学所激发出来的，而志愿者服务、学生社团工作、科技服务等这些积极的实践行为未必是思想政治理论课教学激发的。

第二，基本理论水平测试。针对理论知识和运用能力的考评，可采用闭卷、开卷、口试、讨论会和读书报告等多种卷面考评形式相结合的方式。闭卷是应用最为广泛的一种笔试，试卷考题具有较高的区分度。这种考试方式有利于考查学生对理论知识的记忆和理解，能够促使学生看书理解，并记忆相关知识。开卷也是笔试的一种，它重点考查学生对理论的运用能力及概括综合能力。考题难度一般高于闭卷，否则易流于形式。有些院校可能以课堂或课后作业、读书报告、调研报告、论文等方式考评计分。闭卷、开卷的考核方式，都可以尝试统一在网上完成，这样既可以在最短的时间内考查学生的成绩，又可以避免学生作弊，应该在思想政治理论课教学中推广适用。当然，这样的考评方式需要建立在有完善的网络课程的基础之上。口试是思想政治理论课常用的考试方式，一般分为期末综合口试和案例分析口试。学生当场应试，考评知识水平的口头表达能力。通过连续追问，可以考查学生的知识深度，观察应变能力，可以杜绝作弊。但是口试也存在缺点，即考试的效度、信度较低，耗时耗力，且主观性强。这种测试方式在有些院校的思想政治理论课考试实践中一般以课堂讨论、情景模拟案例、答辩、读书报告、知识竞赛等方式考评。

第三，引入民主评议方式。这种考评方式在目前的思想政治理论课考评中尚未普及。民主评议方式是提高学生思想道德修养的一种考评方式，它以批评和自我批评为主要方法，将学生自我评价与学生相互评价相结合，可以真实地评价学生的思想表现，提高考评的信度。这种考评方式坚持教育和自我教育相统一，能帮助学生形成自我意识。而且这种考评方式是一种多主体考评方式。高校可以通过建立相应的思想政治理论课网络课程，在对学生的道德评价中引入这种考评方式。这样既便捷，又可以清晰有效地凸显学生自评和他评的结果。

在新媒体时代，为了提高思想政治理论课教学效果，高校要根据课程的具体情况，不断创新更有效的考评方式，并完善原有的考评方式，从而实现思想政治理论课考评方式的导引作用。

（三）加大力度，深化实践教学考评

思想政治理论课教学效果如何，最终体现在学生身上，既包括学生在校的表现，又包括学生步入社会后参加工作实践的表现。因此，对于思想政治理论课教学效果的评价"固然需要运用一定的知识标准进行检验，但这些知识能否真正为广大学生所掌握，转化为其分析、解决问题的能力，最终还需要接受实践标准的检验"。然而，在思想政治理论课的实际教学中，思想政治理论课考评一直存在一种倾向，即重理论知识考评，轻实践教学考评。之所以出现这种倾向就在于思想政治理论课实践教学考评机制不完善，难以量化。因此，要深化实践教学考评，就要采用行之有效的考评方法，使思想政治理论课实践教学可以考评。思想政治理论课实践教学包括基地教育、研究实践、校园文化实践等多种形式。

要深化实践教学考评，一是要确立科学的实践考评目标，在具体的考评目标上实现由重理论概念考评向重应用能力考评转变，由重书本知识考评向重社会实践考评转变，由重考评结果向重学习过程转变，由重简易经验测试方法向重科学考试制度规范转变。在教学考评中应适当引入社会成果评价的价值标准，利用考评"指挥棒"培养和引导大学生自觉学习马克思主义，并能够在实践中灵活运用，形成良好的创新精神和能力。二是要制定实践教学考评体系。对学生社会实践既要有"量"的标准也要有"质"的标准。从实践的"量"上看，包括实践学时、实践报告的字数与格式、实践报告上交时间等；从实践的"质"上看，包括选题质量、实践态度、实践收获、实践报告的质量、实践手册的填写质量等。高校应围绕这些标准，将定性评价与定量评价相结合，进行综合考评。三是要优化考评方法，坚持自评与他评相结合。在新媒体环境下，更有效的办法是用学生自我评价与学生间的评价、教师对学生的评价相结合的考评方式取代单

一的教师考评。这种考评方法有助于学生间相互监督，自我约束，是教育与自我教育的统一，有利于培养学生的自律能力。实践教学考评方式的实现要建立在网络课程的教育平台上，要实行网上与网下结合的方法。关于"量"的考核，可以在网上进行，而具体到"质"的考核，就需要学生按照考核目标去做，主要由教师来把握，并结合学生的自评和他评，将多种评价结合，得出学生的最终成绩。这是一种综合、全面、立体的考核。

（四）解放思想，推进拓展时空考评

在新媒体时代，高校应解放思想，推进拓展时空考评，这是一种全程式的考评方式。这种考评方式更需要网络平台。"所谓的拓展时空考评就是指扩大考评空间，延长考评时间，加强全程考评，使教学的实效能贯穿在教学的全过程中。"当前，我国高校的思想政治理论课程基本上都设置在大一和大二。因为这个时期是大学生角色转换的重要时期，也是大学生的世界观、人生观、价值观形成的重要时期。这个时期，大学生会面对很多困惑，比如适应大学生活、专业学习与思想成长、交友与恋爱等困惑。当学生面对这些困惑的时候，特别渴望从这些课程的学习中找到摆脱困惑的方法。然而，当前的思想政治理论课常用考评方法是终结式的，对学生而言是"一考定成败"的考评方式。虽然它高效、直观地反映出学生的成绩，但是这种考评方式得出的成绩，只是简单考查了学生对书本上基本理论知识的掌握情况，随着教育的深入发展，这种考评方式已无益于学生困惑的解决，从而导致思想政治教育低。这种终结式的考评方式无法体现出学生的政治素质、世界观、人生观等深层次的内容，因而它是一种适应应试教育的静态的考评模式。要想实现通过考评检测出学生真实能力的目标，就必须改变这种终结式的考评方式。关键是要解放思想，下功夫去"拓展考评空间，延长考评时间，加强平时考评，变终结性考试为全程性考评，分阶段将考评情况积累，这样才能综合反映学生的知识、能力和道德素质"。这就要求每个学生的每个阶段的表现都有网络的跟踪记录，通过这样的跟踪记录，得出大学三年或四年的最终成绩。

全程性考评是一种过程中考评，是用发展的眼光看待学生的。学生不

是一成不变的个体，而是发展着的个体。所以，学生的理论修养和品德修养也是发展着的。虽然每个学生的修养完善都有着自己的发展过程和发展状况，但是大学阶段的学生正处于上升发展时期，因而仅仅凭借一次考试成绩来评判学生，是对学生的个性的漠视，也是对学生成长发展的无形扼杀。同时，全程性考评也是对学主思想政治教育可持续性的巩固。此过程既对学生的课程学习、为人处世进行了全面考评，又为学生就业准备了比较客观的资料，以便于用人单位能全面地了解毕业生的情况。

第五章

新时代高校思政育人教师素质提升

教师素质是与教师的职业活动密切相关的，是保证教师履行其职责所必须具备的基本条件和内在品质。"思想政治理论课教师是高等学校教师队伍中的一支重要力量，是党的理论、路线、方针、政策的宣讲者，是大学生健康成长的指导者和引路人。"思想政治理论课不仅具有丰富的知识性和系统的理论性，更具有鲜明的思想性和意识形态性。思想政治理论课教育教学的目的并不在于单纯地传授知识，更重要的在于思想导向和价值引领，教育和引导学生树立崇高的理想信念和正确的世界观、人生观、价值观。因此，思想政治理论课教师除了符合其他学科教师的职业素质特征外，还有其自身的特殊性。

第一节　新时代高校思政育人教师形象的呈现

一、思想政治理论课教师素质的政治性

思想政治理论课教师素质的政治性是由思想政治理论课的性质、功能和重要地位所决定的。《教育部关于印发〈新时代高校思想政治理论课教

学工作基本要求〉的通知》（教社科〔2018〕2号）指出，思想政治理论课承担着对大学生进行系统的马克思主义理论教育的任务，是巩固马克思主义在高校意识形态领域指导地位、坚持社会主义办学方向的重要阵地，是全面贯彻党的教育方针、落实立德树人根本任务的主干渠道和核心课程，是加强和改进高校思想政治工作、实现高等教育内涵式发展的灵魂课程。充分发挥思想政治理论课的作用，用马克思列宁主义、毛泽东思想和中国特色社会主义理论体系武装当代大学生，是党的教育方针的具体体现，是社会主义大学的本质特征，是党和国家事业长远发展的根本保证。2019年3月18日，习近平总书记在学校思想政治理论课教师座谈会的讲话中强调，"办好思想政治理论课，最根本的是要全面贯彻党的教育方针，解决好培养什么人、怎样培养人、为谁培养人这个根本问题"，"青少年阶段是人生的'拔节孕穗期'，最需要精心引导和栽培"，"我们办中国特色社会主义教育，就是要理直气壮开好思政课"，"办好思想政治理论课，事关意识形态工作大局，事关中国特色社会主义事业后继有人，事关实现中华民族伟大复兴的中国梦，必须始终摆在突出位置，持之以恒、常抓不懈"。

二、思想政治理论课教师素质的综合性

思想政治理论课教师素质的综合性是由思想政治理论课教育教学过程的复杂性、综合性所决定的。思想政治理论课是一组具有特殊定位、特定内涵、特定任务的课程。它把马克思主义基本原理应用于大学生思想政治教育的具体实践，以科学的世界观、方法论来分析、回答大学生普遍关注的理论和现实问题；它充分吸收和借鉴哲学、经济学、历史学、政治学、伦理学、教育学、法学、心理学等相关学科，以及自然科学的理论与实践成果，构建具有中国特色、中国风格的思想政治理论教育教学体系。思想政治理论课的教育教学既要"传道""授业"，更要"解惑""释疑"。前者要求教师有扎实的马克思主义理论基础，并善于将理论体系转化为教学体系，能够把我们底气充足的中国特色社会主义道路、理论、制度、文化的特色和优势讲清楚、说明白，让学生能够听得进、听得懂；后者则要求

教师有鲜明而正确的政治立场及较高的教学水平和教学艺术，了解学生的学习特点，把握学生的思想脉搏，遵循教育教学规律，善于改革教学模式和方法、手段，创新话语体系和话语表达，提升话语能力和话语权威，进而增强教学的亲和力、吸引力、感染力和说服力。只有这样，才能使学生喜闻乐见、入脑入心。

三、思想政治理论课教师素质的时代性

思想政治理论课教师素质的时代性是由思想政治理论课教学内容的改革和教育对象的特点所决定的。一方面，思想政治理论课作为高等教育教学的重要组成部分，其课程设置和教学内容始终围绕党和国家在不同时期的中心工作及高等教育的根本目标而展开。它与国际形势的深刻变化和我国社会经济、政治、文化、科技等项事业的发展紧密相连，反映着不同时期的社会要求和理论创新，具有鲜明的时代特色。这是思想政治理论课的基本定位和价值所在。正是这种与时俱进的理论品格，推动了思想政治理论课的不断发展和优化，增强了教育教学的时代感和针对性，并始终受到党和国家的高度重视，成为大学生思想政治教育的主渠道。思想政治理论课的设置及内容的调整与改革，必然要求教师紧扣社会发展和时代变化，不断提升自身素质。

第二节　新时代高校思政育人教师素质的要求

一、正确的思想政治方向

众所周知，高等学校肩负着培养社会主义事业合格建设者和可靠接班人的历史重任。把坚定正确的思想政治方向放在育人工作的首位，是学校一切工作的灵魂，也是衡量学校教育水平和学生培养质量的一个根本标准。毛泽东认为，没有正确的政治观点，就等于没有灵魂，青年应当把坚

定正确的政治方向放在第一位。1978 年 4 月，邓小平在全国教育工作会议上指出："毫无疑问，学校应该永远把坚定正确的政治方向放在第一位。" 1989 年 9 月，江泽民在庆祝中华人民共和国成立 40 周年大会上明确提出："各级各类学校不仅要建立完备的文化知识传授体系，而且要把德育放在首位，确立正确的政治方向。"2005 年 1 月，胡锦涛在全国加强和改进大学生思想政治教育工作会议上强调指出：培养什么人、如何培养人，是我国社会主义教育事业发展中必须解决好的根本问题……要使大学生成长为中国特色社会主义事业的合格建设者和可靠接班人，不仅要大力提高他们的科学文化素质，更要大力提高他们的思想政治素质。2016 年 12 月，习近平在全国高校思想政治工作会议上进一步指出，思想政治工作关系高校培养什么样的人、如何培养人以及为谁培养人这个根本问题。要坚持把立德树人作为中心环节，把思想政治工作贯穿教育教学全过程。思想政治理论课作为一门思想性和政治性很强的学科，是对大学生进行思想政治教育的主渠道，体现了社会主义大学的本质要求。而思想政治理论课教师作为课程教育教学的具体实施者，是大学生健康成长的指导者和引路人。教师的思想政治素质如何，直接影响着学生的政治立场、政治观念、政治信仰和人生的价值取向。因此，坚定正确的思想政治方向是思想政治理论课教师首要的、基本的素质要求，也是对学生有效开展思想政治教育的根本条件。一个思想认识模糊、政治立场不清、政治观念混乱、政治信仰迷茫的教师，是不可能对学生进行正确和有效的思想政治教育的。

思想政治理论课教师坚定正确的思想政治方向，主要体现为四个方面的要求：

一是坚定的马克思主义信仰。马克思主义是我们立党立国的根本指导思想，是全党全国人民团结奋斗的共同思想基础。思想政治理论课教师要认真学习和掌握马克思列宁主义、毛泽东思想和中国特色社会主义理论体系，并使之成为自己的精神支柱和政治信仰，牢固树立正确的世界观、人生观和价值观，自觉抵制各种错误思潮和腐朽思想文化的侵蚀，坚持用科学的理论武装当代大学生。

二是坚持社会主义的政治方向。思想政治理论课教师要牢固确立在中国共产党领导下走中国特色社会主义道路、实现中华民族伟大复兴中国梦的理想信念；拥护党和国家的路线、方针、政策，在政治上、思想上、行动上同党中央保持高度一致，在大是大非问题上立场坚定，旗帜鲜明；正确认识社会发展规律，时刻关心国家大事，积极参加社会实践，深入实际，了解国情。

三是忠于党的事业的政治品质。思想政治理论课教师的政治品质就是拥护中国共产党领导，拥护社会主义，热爱祖国，热爱人民；坚持真理，服从真理，光明磊落，言行一致，具有廉洁奉公、公正无私的奉献精神。

四是较高的政治水平和政策水平。前者包括政治鉴别力、政治敏锐性以及善于从实际出发，有针对性地进行思想政治教育的能力；后者则主要是指认识、理解、掌握和善于运用党的方针、政策，以及我国宪法和有关法律法规，正确区分政治问题和学术问题、思想意识问题和思想认识问题等，从而有效地开展思想政治理论课教育教学的水平。

总之，思想政治理论课教师只有具备过硬的思想政治素质，才能有正确的政治立场和政治方向，才能对马克思主义真学、真信、真教、真用，真正担负起马克思主义理论的宣讲者、社会主义意识形态和精神文明的传播者、大学生健康成长的指导者和引路人的使命和职责。

二、良好的职业道德修养

思想政治理论课教师作为塑造大学生思想灵魂的工程师，不仅要坚定正确的政治方向，还应具有高尚的道德品质和良好的职业道德修养。这是由教师职业的性质及思想政治理论课的内容和特点所决定的。所谓"育人先育己，育己先育德"，良好的职业道德修养不仅以其特殊的伦理价值成为思想政治理论课教师不可或缺的基本素质，而且是推动教师不断进行教育教学改革、努力提高教育教学水平的重要保证。它既是一种无声胜有声的教育力量，对学生心灵的影响是任何语言符号和制度都不能取代的；它又是一种令人肃然起敬的人格魅力，对拉近师生双方的心理距离，赢得学生的尊重和支持，进而增强教育教学的亲和力、吸引力和感染力，提高教育教学的实际效果，具有十分重要的作用。

没有良好的职业道德修养，就不可能产生真正意义上的教育。所谓职业道德修养，是从事各种职业活动的人员，按照职业道德的基本原则和规范，在职业活动中所进行的自我教育、自我改造、自我完善，从而使自己形成良好的职业道德品质和达到一定的职业道德境界。职业道德修养最终是以职业责任感、事业心和积极性的外化程度表现出来的。对于思想政治理论课教师来说，主要体现在以下三个方面：

一是正确的职业理想。思想政治理论课教师应当忠诚于人民的教育事业，对所从事的思想政治理论课教育教学具有正确的职业认知，以及强烈的职业荣誉感、历史使命感和社会责任感，以对大学生进行系统的马克思主义理论教育、传播社会主义核心价值观、培养中国特色社会主义事业合格建设者和接班人作为自己的神圣职责和实现自身人生价值的最高体现。能够正确处理个人与社会的关系，反对拜金主义、享乐主义和极端个人主义，把本职工作、个人理想与大学生的健康成长和祖国的繁荣富强紧密联系在一起。

二是良好的职业态度。具体表现为：对待教育事业忠诚踏实，为人师表，依法执教，积极进取，乐于奉献；对待学生能够确立以人为本的教育理念，关心学生的健康成长，热爱学生，尊重学生，言传身教，诲人不倦，公平公正对待学生，认真负责地要求学生；对待其他教师能够做到相互尊重，团结协作，公平竞争，共同发展；对待教学、科研及学术交流能够倡导实事求是的科学态度和严谨自律的工作作风，既勇于探索、大胆创造，又严细求实、精益求精，力戒浮躁和急功近利，坚决反对在学术活动中弄虚作假、抄袭剽窃等违背学术规范、侵占他人劳动成果的不端行为。

三是强烈的事业追求。作为思想政治理论课教师，要始终坚持社会主义教育方向，全面贯彻党的教育方针，努力推进素质教育，以对事业、人民和社会的高度责任感，模范遵守教师职业道德规范，积极开展教学改革与科学研究，不断提高自身政治素质和业务水平；以大学生健康成长成才为目标，以提高教育教学质量为己任，志存高远，敬业乐业，严谨治学，锐意创新，以身作则，教书育人，以自己良好的思想和道德风范去感染和影响学生，以出色的教研能力和丰硕的学术成果去教育和培养学生。

三、先进的教育教学理念

"理念"是人们对某种事物的观点、看法和信念。教育教学理念则是对教育教学活动内在规律的认识的集中体现，也是师生对教育教学活动的看法和持有的基本态度和观念，是师生进行教育教学活动的信念。只要有教育教学行为发生，就一定有教育教学理念在起作用。教育教学行为受教育教学理念的支配，有什么样的教育教学理念，就会产生什么样的教育教学行为。因此，教育教学理念是教师从事教育教学活动的指导思想和行动指南。教育教学理念一旦形成，就会成为相对稳定的精神力量，影响着教师如何看待教育教学的真正意义、如何认识教师与学生的互动关系、如何处理教育教学中的各种矛盾等，由此也影响着教师的教育教学行为和教育教学效果。与高校其他课程不同，思想政治理论课所具有的特定定位、特定内涵和特定任务，决定了它主要解决的是大学生的理想信念和世界观、人生观、价值观问题，而不是一般的知识传授和灌输。这就要求思想政治理论课教师在具备良好的思想政治素质和职业道德修养的前提下，懂得教育教学活动的规律，了解大学生的思想实际和成长需要，树立以人为本、民主平等、师生和谐、科学发展等现代教育教学的思想观念，以此指导自身的教育教学工作。

以人为本是一个古老而又颇具现实意义的命题。其基本含义简要来说就是：它是一种对人在社会历史发展中的主体作用与地位的肯定，强调人是社会历史发展的主体，又是社会发展的目的；它是一种价值取向，强调尊重人、解放人、依靠人和为了人；它是一种思维方式，就是在分析和解决一切问题时，既要坚持历史的尺度，也要坚持人的尺度。以人为本既是历史唯物主义的一项基本原则，也是思想政治教育的一个重要理念。思想政治工作说到底是做人的工作，必须坚持以人为本。既要坚持教育人、引导人、鼓舞人、鞭策人，又要做到尊重人、理解人、关心人、帮助人。习近平强调指出，思想政治工作从根本上说是做人的工作，必须围绕学生、关照学生、服务学生，不断提高学生思想水平、政治觉悟、道德品质、文化素养，让学生成为德才兼备、全面发展的人才。对于思想政治理论课教育教学来说，以人为本，就是坚持以学生为本，把服务于学生的健康成长和全面发展作为思想政治理论教育的根本价值取向，把提高教育教学的实际效果、回答和解决学生在成长成才过程中的实际问题作为出发点和落脚点。为此，思想政治理论课教育教学不仅要研究社会主义大学对学生成为合格人才的期望和要求，还要深入了解学生自身成长的愿望和需要。只有当课程内容体系和教学方式方法均符合学生的思想实际和成长需要时，思想政治理论课才能为大学生所认同；只有当学生深刻认识并深切感受到树立科学的世界观、人生观、价值观为自己成长、发展所必需时，思想政治理论课才能被大学生所接受；只有当教师真正从学生未来发展的角度出发，并在教育教学过程中充分地尊重他们、关心他们，深入了解他们在学习、成才、择业、交友、健康、生活等各方面的需要、困惑和追求时，才能有效地激发出他们的学习兴趣，取得良好的教育教学效果。

长期以来，思想政治理论课坚持"以教师为中心"的思想观念，在教育教学中往往居高临下，"我讲你听、我打你通"，过分强调理论知识的灌输和教师的主导作用，而忽视学生在理论学习和自我教育中的主体地位。这在一定程度上不仅扼杀了学生的主体意识、参与意识和独立思考能力，抑制了学生的学习积极性、主动性和能动性，而且影响了和谐、互动的师生关系的形成，使思想政治理论课及其任课教师在学生心目中缺乏亲和力和吸引力，最终妨碍了教育教学效果是实现。要切实改变这一状况，使思想政治理论课真正成为大学生真心喜爱、终身受益的课程，思想政治理论课教师就要摒弃"以教师为中心"的教育理念和"一言堂"的教学方式；注重营造宽松、民主、信任的教育教学氛围，建立平等、和谐、互动的师生关系，激发并尊重大学生的学习兴趣和主体意识。同时，教育教学内容和方式方法要努力贴近实际、贴近生活，符合教育教学规律和学生学习特点，提倡案例式、参与式、研究式教学，以通俗易懂的语言、生动鲜活的事例、新颖活泼的形式，活跃教学气氛，启发学生思考，从而使教师的指导作用和学生的能动作用相辅相成、相得益彰。

此外，现代教育的思想观念认为，教给学生知识只是促进学生发展的手段，而不是最终目的。要促进学生的发展，不仅指眼前的发展，更指未来的可持续发展。因此，思想政治理论课教师要树立面向未来的教育教学理念，不仅帮助学生掌握马克思主义、毛泽东思想和中国特色社会主义理论体系的基本原理，更要指导学生学会运用马克思主义的基本观点和方法去认识和分析现实问题，使他们面对错综复杂的国际形势和在改革开放的环境下有正确的政治方向和迎接挑战的能力。

四、深厚的业务理论功底

教师的主要职责是通过系统的知识、技能传授达到培养一代人的目的。具有扎实、深厚的业务理论功底，是教育教学活动取得成功的重要基础，也是教师必备的基本素质之一。邓小平曾经指出："要教育人民，必须自己先受教育。要给人民以营养，必须自己先吸收营养。"面对世界范围内各种文化思潮交流交融交锋更加频繁、社会思想意识更加多元多样多变，如何发挥正能量，增强对重大理论和现实问题的阐释力，在多元中确立主导，如何运用马克思主义的立场、观点、方法，在多样中求得共识，是对思想政治理论课提出的新挑战和新要求，也是思想政治理论课教师素质提升的重要任务。

思想政治理论课教师应具有扎实、深厚的业务理论功底，其内容应当包括以下三个方面：

其一，系统的马克思主义基本理论。马克思主义基本理论既是思想政治理论课的学科基础，也是对大学生进行思想政治教育的重要内容。因此，思想政治理论课教师的马克思主义理论修养如何，直接影响着思想政治理论课教育教学的客观效果。这就要求思想政治理论课教师不仅具有马克思主义的科学信仰，而且必须全面、深刻地把握马克思主义的科学理论。马克思主义理论是一个内容极其丰富而又不断发展、与时俱进的理论体系。思想政治理论课教师除了要掌握马克思主义哲学、政治经济学、科学社会主义等基本理论外，还应着重学习和掌握毛泽东思想和中国特色社会主义理论体系，认真学习、研究马克思主义发展史。一个对马克思主义一知半解、缺乏系统的马克思主义基本理论功底的教师，即使拥有其他多方面的知识，也不能完整、准确地向学生传播马克思主义。

其二，扎实的思想政治教育专业知识。思想政治理论课作为大学生思想政治教育的主渠道，其教育教学活动不仅具有鲜明的政治性、思想性，而且是一项专业性、实践性很强的工作。思想政治理论课教师掌握丰富、扎实的思想政治教育学科专业知识，有利于提高自身的业务能力和专业水平，进而增强思想政治理论课教育教学的说服力和实效性。思想政治教育学科专业知识主要包括中国共产党思想政治教育史、思想政治教育学原理、思想政治教育方法论、比较思想政治教育等专业知识。

其三，广博的相关学科专业知识。思想政治理论课是一门多学科交叉的综合性、应用性学科。它广泛吸收和借鉴哲学社会科学和自然科学的相关知识，不断丰富、充实和完善自身的课程内容体系。适应这一特点和趋势，思想政治理论课教师除了要熟练掌握思想政治教育学科的专业知识外，还应注重扩大知识领域，调整和优化自己的知识结构，熟悉与思想政治教育密切联系的相关学科知识，如教育学、心理学、伦理学、政治学、历史学、社会学、经济学、法学、美学等。此外，随着科学技术的日新月异，思想政治理论课教师要了解现代科学研究的新进展、新成果，能够熟练地运用现代教育技术手段，并具有一定的自然科学和网络信息技术知识。总之，学习和掌握相关学科知识，进一步拓宽知识视野，不仅有利于思想政治理论课教师在教育教学中做到旁征博引、融会贯通，提升教育教学内容的广度和深度，激发学生的学习兴趣和求知欲望，而且能使思想政治理论课教师更好地把握教育教学的内在规律及大学生的心理特点和思想动态，从而增强教育教学的针对性和艺术性。

五、较强的教学科研能力

教育教学活动是一项富有创造性的劳动，也是一门艺术。要高质量地开展教育教学活动，就要充分发挥教师的积极性和创造性。这里，"积极性"体现的是教师良好的职业道德修养，"创造性"则反映了教师较强的业务能力素质，教学能力和科研能力便是其中的核心内容。

教学能力是教师完成教学计划，实现教学目的，取得教学成效所具有的能力。教学能力的高低是衡量高校教师业务素质的最基本的指标，直接影响着教师的教学行为与教育质量，也是教师职业化的显著特征。面对新的形势和要求，思想政治理论课要真正成为大学生喜爱、终身受益的课程，必须着力提高思想政治理论课教师的教学能力。教学能力是由多种单项能力构成的有机整体，具有整体性、开放性和发展性等特点。思想政治理论课教师的教学能力可概括为教学认知能力、教学操作能力、教学监控能力和教学创新能力。

教学认知能力是指思想政治理论课教师对教学目标、教学内容、教学对象以及教学情境的认识、理解和分析、判断能力。主要表现为：认识、把握思想政治理论课的性质、任务的能力；研究、理解思想政治理论课的内容体系及教学要求的能力；将思想政治理论课教材体系转化为教学体系的能力；对学生的个性特点和思想状况进行分析、评价的能力；对思想政治理论课面临的客观环境和形势的认知、判断能力；等等。在教学能力结构中，教学认知能力是基础，它直接影响着教师教学准备的水平和教学方案设计的质量。

教学操作能力是指思想政治理论课教师为了实现课程教学目标，具体而有效地实施教育教学活动、解决教学问题的能力。主要表现为：教学方案的设计能力；教学内容的驾驭能力；课堂教学的组织、管理能力；教学方法、手段的选择、运用能力；对教学情境的应变与调控能力；语言表达和非语言表达能力；等等。

教学监控能力是指思想政治理论课教师为了保证教育教学活动的顺利进行，达到预期的教育教学目标，在思想政治理论课教育教学的全过程中，将教育教学活动本身作为意识的对象，不断地对其进行积极主动的规划、检查、评价、反馈、控制和调节的能力。这种能力是思想政治理论课教师教学能力结构中最高级的成分，它不仅是教育教学活动的控制执行者，而且是教学能力发展的内在机制。

思想政治理论课教育教学不是机械地进行知识性的传授，而是以知识性和科学性为前提和载体，对大学生进行思想政治教育，帮助和引导学生树立崇高的理想信念和正确的世界观、人生观、价值观。这就要求思想政治理论课教师具有较强的教学创新能力。这种能力是指思想政治理论课教师在教育教学活动中，顺应时代变化和社会发展的要求，遵循教育教学规律，联系学生的思想实际，运用自己的智慧，创造性地提出问题、分析问题和解决问题的能力。具体表现为：突破旧的教育教学观念，开拓新的教育教学思路；探索新的教学方法、手段设计新的教育教学方案；建立学科之间新的联系，发现新的教育教学规律；等等。

科研能力是指一个人在其所从事的专业领域中，以科学的思维和适当的方法发现问题、认识问题和解决问题的能力。传统的教育观念认为，教师的职责就是传道、授业、解惑，然而，在现代化、信息化、全球化的当代，教师仅仅满足于传道、授业、解惑显然已远远不够，还必须探索面向时代发展的重大理论与实践问题，从"教书匠"的角色中走出来，成为科研型的教师，具备高水平的科研能力和科研成果。对于思想政治理论课教师来说，较强的科研能力尤为重要。这是由马克思主义及其中国化的理论发展、国际国内形势深刻变化以及当代大学生教育特点等所决定的。它对于提高思想政治理论课教师的素质和水平，形成教学与科研相互促进的良性循环，增强思想政治理论课教育教学的吸引力、说服力和有效性，以及加强思想政治理论课的学科建设等，均有十分重要的意义。

思想政治理论课教师的科研就是站在人类文化发展的高度，立足时代发展的前沿，结合社会经济、政治、文化、科技、教育发展的实际，不断吸收新的教育思想和信息，创新马克思主义理论和思想政治教育的内容和方式方法。从思想政治理论课研究的范围来看，不仅要注重理论研究，而且要注重教育教学研究。同时，对大学生普遍关注的热点、难点问题，要下大功夫加以研究和回答，并在研究和回答学生关注的热点、难点问题的过程中提高教师的科研能力和教学水平，展示思想政治理论教育的强大魅力，开拓高校思想政治理论课教育教学的新局面。

思想政治理论课教师的科研能力主要包括社会调查能力、信息处理能力、逻辑分析能力、归纳演绎能力、批判质疑能力、求异创新能力等。

第三节　新时代高校思政育人教师素质的提升策略

一、提高思想认识，理顺思想政治理论课教师的管理体制

高等学校对大学生进行思想政治理论教育，是党的教育方针和社会主义大学本质特征的具体体现。全面提高思想政治理论课教师的素质不仅是教师自身成长与发展的需要，更是党和国家事业长远发展的根本保证。高校要站在"培养什么样的人、如何培养人以及为谁培养人"的战略高度，把稳定教师队伍、提高教师素质作为一项重要工作摆上议事日程，切实加强对思想政治理论课教师队伍建设的组织领导，理顺思想政治理论课教师的管理体制。

1. 规范思想政治理论课教学科研机构建设

规范科研机构建设，这是提升和优化思想政治理论课教师素质的组织保障。高校应当建立独立的、直属学校领导的思想政治理论课教学科研二级机构，科学规范其职能定位，使之成为提升教师队伍素质的组织平台和办好思想政治理论课的战斗堡垒。该机构既是思想政治理论课教育教学部门和马克思主义理论研究机构，又是马克思主义理论学科建设的依托单位。由此构成其基本职责，即统一管理本、专科及研究生思想政治理论课教育教学，统一负责马克思主义理论学科建设，统一管理思想政治理论课教师。同时，选配政治性强、业务精、作风正、懂管理的学术带头人和骨干教师，作为思想政治理论课教学科研组织负责人，以此引领和带动思想政治理论课教师队伍整体素质提升。

2. 严把思想政治理论课教师的选聘关口

把好思想政治理论课教师选聘关口，这是保证思想政治理论课教师基本素质的首要环节。思想政治理论课的性质和任务，要求"思想政治理论课教师必须坚持正确的政治方向，热爱马克思主义理论教育事业，具有良

好的思想品德，有扎实的马克思主义理论基础和相应的教学水平、科研能力"。一方面根据专任为主、专兼结合的原则，合理核定专任教师编制，配足思想政治理论课教师数量，鼓励、支持校内相关专业学术带头人和教学骨干，专职或兼职承担思想政治理论课教学任务；另一方面，实行思想政治理论课教师准入制度，明确思想政治理论课教师的选聘条件和岗位职责，把政治条件和教学要求放在第一位。在事关政治原则、政治立场和政治方向问题上不能与党中央保持一致的，或理论素质、教学水平达不到相应课程要求的，不得担任思想政治理论课教师。

3. 制定思想政治理论课教师素质提升计划

高校和有关部门要切实加强组织领导和顶层设计。一方面，充分发挥高校思想政治理论课教学指导委员会在研究、咨询、评价、指导和服务等方面的作用，建立由学校主管领导、有关职能部门及思想政治理论课教学单位等组成的思想政治理论课建设领导小组，共同做好思想政治理论课教师素质提升及其教育教学工作；另一方面，把思想政治理论课素质提升纳入学校师资队伍建设规划，制定相关政策，健全保障机制，推进思想政治理论课建设与发展，在人才培养、科研立项、评优表彰、职务评聘、实践锻炼等方面优先支持思想政治理论课教师，真正体现和落实思想政治理论课在学校教育教学体系中的重点建设地位。

二、推进学科建设，提高思想政治理论课教师的整体素质

学科建设是高等学校最具有整合力和影响力的工作，是学校各项工作中起龙头作用的关键环节，也是教师队伍建设的重要抓手。只有大力推进和加强学科建设，高校教师才有科研的平台和学术的家园。一个时期以来，思想政治理论课教师存在着队伍不稳、科研能力不强、优秀中青年学术带头人缺乏、整体素质不高等问题，其中一个重要原因就是没有独立的学科依托。马克思主义理论一级学科的设立和建设，其重要任务之一就是通过学科建设加强思想政治理论课教师队伍建设，提高思想政治理论课教师的整体素质。思想政治理论课要抓住这一机遇，把服务于思想政治理论课教育教改革和教师素质提升，作为马克思主义理论学科建设的重要

内容。

一方面，马克思主义理论学科建设要为思想政治理论课教育教学培养和吸纳高素质的师资。这其中包含三个层面，即：做好马克思主义理论学科硕士生、博士生和专业学位研究生的培养及教师培训工作，为思想政治理论课教育教学提供高水平的专业人才；进一步完善马克思主义理论一级学科所属的二级学科体系，为教师开展思想政治理论课教育教学提供对应的学科支撑；创造和提供良好的学科阵地、学术氛围和工作环境，吸引和汇聚更多的优秀人才参与马克思主义理论学科建设，壮大和稳定思想政治理论课师资队伍，努力建设优秀教研团队，使思想政治理论课教师工作有条件、干事有平台、发展有空间，进而增强学科归属感、社会责任感和历史使命感。

另一方面，马克思主义理论学科建设要注重提高思想政治理论课教师的教学、科研能力，培育教学科研骨干。设立马克思主义理论学科是为了加强马克思主义理论体系研究、马克思主义发展史和马克思主义中国化研究、思想政治教育研究，推进党的思想理论建设和巩固马克思主义在高等学校教育教学中的指导地位，加强高校思想政治理论课建设、培养思想政治教育工作队伍。这是党和国家加强思想政治理论课教师队伍建设的重大举措，也是中央实施的马克思主义理论研究和建设工程的重要成果。因此，马克思主义理论学科建设要注重引导和组织思想政治理论课教师自觉进入学科建设的前沿阵地，明确自己在学科建设中的位置和任务，积极开展马克思主义理论体系以及教育教学中重要理论和实际问题的研究。要通过马克思主义理论学科建设的带动作用，提高思想政治理论课教师的理论素养和科研能力。同时，通过马克思主义理论学科建设，推动思想政治理论课教学领军人物、中青年学术带头人和骨干教师脱颖而出，以带动教师整体素质的提高。

三、坚持以人为本，关心思想政治理论课教师成长与发展

一个时期以来，由于思想政治理论课教学任务繁重，加上一些高校对思想政治理论课的认识不足、重视不够，思想政治理论课教师在个人成长

发展方面面临着诸多困难和压力，尤其是一些青年教师对个人职业生涯感到迷茫、困惑，甚至出现职业倦怠，自我职业认同度和责任感不高，这不仅极大地危害着教师个人的身心健康和职业发展，也严重影响着思想政治理论课教师队伍的整体建设和教育教学的实际效果。因此，在注重提升思想政治理论课教师的思想政治素质、职业道德修养的同时，还要坚持以人为本的原则，关心他们个人的成长与发展，解除他们的"后顾之忧"，使他们能够全身心地投入思想政治理论课教育教学之中。

1. 完善思想政治理论课教师培养培训体系

高校要从自身实际情况出发，将思想政治理论课教师纳入师资培训规划，建立有重点、分层次、多形式、多渠道的教师培养培训体系与机制，采取脱产进修、攻读学位、名师指导、短期培训、教学观摩、社会实践、出国考察、挂职锻炼等措施，不断提升和优化他们的知识结构、理论素养、教学水平和科研能力，注重选拔、培养一批学术领军人物和教学科研骨干。

2. 健全思想政治理论课教师考核评价体系

高校要根据思想政治理论课教师的岗位职责和工作性质、特点，制定相应的考核评价体系和办法，进一步完善专业技术职务评聘标准，提高教学效果和教学研究占比，着重考查思想政治理论课教师的教学能力和教学实绩，将教研课题与科研课题、教学研究成果与学术研究成果同等对待，作为职称评定的依据。

3. 改善和提高思想政治理论课教师的待遇

高校要为思想政治理论课教师创造良好的教学科研条件和工作环境，如对他们在传达党和国家的有关文件和政策、阅读有关文件资料方面提供便利；在科研立项、经费投入、培训研修和公共资源使用等方面，充分考虑思想政治理论课教师工作的特点，在政策上予以扶持；在物质待遇上，思想政治理论课教师的实际平均收入不低于本校相关专业院系教师的平均水平；等等。

总之，只有站在加强师资队伍建设和提高教育教学实效的高度，真正从思想政治理论课教师的成长发展出发，在政策上积极扶持他们、在工作上努力支持他们、在生活上热情关心他们，才能进一步激发和调动他们的积极性和创造性，从而开创思想政治理论课教育教学的新局面。

四、建立制度保障，形成思想政治理论课教师发展的长效机制

为切实加强高校思想政治理论课教师队伍建设，必须制定和健全相应的政策和制度，以形成和保障教师队伍良性发展的长效机制。除了上述的研修培训制度、继续教育制度、职务评聘制度外，还应包括以下政策和制度。

1. 教学管理、督导制度

这既是保障思想政治理论课教育教学质量的需要，也是教师职业发展的需要。这一制度的内容包括：要按照学分学时对应原则，确保思想政治理论课的教学时数；要以中班教学（每班 100 名学生左右）为主体，组织开展教学活动；要建立教学督导制度，加强教学质量的管理、监督和指导。此外，高校要建立思想政治理论课教学专项经费，将其列入预算，并随着学校经费的增长逐年增加。

2. 集体备课和教学研讨制度

这一制度作为思想政治理论课教研工作的一项重要内容，可以使教师共同围绕课程教学目标和任务，集体研究、探讨教学的重点难点、学生的思想困惑和关注的热点问题，以及采用的教学方法、媒体、手段等，这无疑有助于提高教育教学的整体效果和质量。与此同时，通过集体备课和研讨，教师之间可以相互启发、相互借鉴、取长补短，从而有助于教师教学能力的提高，尤其是对中青年教师的教学成长和优良教风的养成，具有重要的促进作用。

3. 社会实践考察制度

组织开展社会实践和学习考察活动，有利于思想政治理论课教师进一步了解国情，开阔视野，增强感性认识，丰富教学素材，促进理论与实践的结合，提高教师的思想政治素质和业务素质。《新时代高等学校思想政治理论课教师队伍建设规定》（中华人民共和国教育部令第 46 号）明确指出，主管教育部门和高等学校应当拓展思政课教师培训渠道，设立思政课

教师研学基地，定期安排思政课教师实地了解中国改革发展成果、组织思政课教师实地考察和比较分析国内外经济社会发展状况，创造条件支持思政课教师到地方党政机关、企事业单位、基层等开展实践锻炼。有条件的高校还可以组织教师赴国外学习考察。这是加强思想政治理论课教师培养培训工作、丰富和完善教师培训方式和途径的一项重要举措。

4. 先进典型表彰与宣传推广制度

在加强教学管理、研修培训的同时，要建立和完善对思想政治理论课教师的激励机制。一方面，在教育系统各类教师表彰体系中，要对思想政治理论课教师的评比确定相应比例，进行统一表彰，以增强教师的职业荣誉感和社会责任感。另一方面，以制度的形式设立思想政治理论课教学研究项目、教学方法改革"择优推广计划"项目、优秀中青年教师择优资助项目、拔尖教师国内高级访学资助项目、"马克思主义理论教学与研究文库"出版资助项目，以及推选思想政治理论课教师年度影响力人物、教学名师、教学能手和优秀团队等，鼓励和支持优秀教师脱颖而出，并引领和带动思想政治理论课教师整体素质提升。

第六章

新时代信息化背景下高校
思政育人的管理策略

第一节　加强校园文化建设

一、实现传统媒体与新媒体的融合

我们即使处于新媒体时代，也不能忽视传统媒体。在高校校园文化建设中，我们不仅要积极加强新媒体的运用能力，而且要充分发挥传统媒体弘扬主旋律的优势。二者优势互补，相互配合，形成新旧媒体良性竞争关系。马丽慧认为，可在内容、途径和管理三个方面考虑新旧媒体的融合。在内容融合方面，用传统媒体的专业性和权威性弥补新媒体的海量性和繁杂性，在社会主流文化的宣传中考虑校园自身特点，既贴近社会又贴近学生。在途径融合方面，将校园广播、宣传栏与手机、电脑结合，通过网站、微信公众号等实现实时宣传，同时加强管理者、教育者和学生的在线互动。在管理方面，加强对传统媒体专业队伍的新媒体素养培养，加强培训，提高教师的新媒体素养。

二、加强校园新媒体队伍建设

徐稳等人认为，新媒体队伍建设是贯彻高校校园文化精神的重要依托，教师要善于利用新媒体开展工作。马丽慧强调指出，高素质的新媒体团队不仅有较高的思想政治素质和较强的社会责任感，而且有较好的使用新媒体的能力，能够深入大学生的学习与生活之中，可写出符合大学生思想文化的新媒体内容。陈义红指出，一方面要组建一支高水平的网络监管队伍，由校党委领导，宣传部、网络中心，学工部、学生代表等一起组成，监管新媒体动态；另一方面要组建"网络环保"志愿队伍，发动在校大学生一起努力。崔越认为，要让优秀的专家学者组建成一支网络思想政治教育引导队伍，针对时事热点撰写评论，引导大学生。

三、打造主导性校园新媒体平台

要推进校园网络建设，夯实校园文化建设的媒体基础。网络世界已经成为广大师生现实生活的有效延伸，师生在虚拟的网络空间里可以进行现实生活中进行的一切事项，并可进行现实生活中无法进行的活动，这种虚拟与现实的双层叠加对促进人的发展，发现社会问题、转变教育教学方法具有深刻影响。所以，高校要积极利用网络优势，加强信息技术在拓展虚拟空间中的具体作用。另外，随着软件开发的不断深入，网络媒体下的微博、微信等互动软件在改善高校师生生活、学习上具有传统媒体无可比拟的作用。但我们也应该看到，处于发展中的大学生难免会受到纷繁庞杂的不良信息的影响，从而做出不当之举，误入歧途。因此，高校要对进入校园的网络进行有效筛选，构建积极健康的校园网络平台，使师生可尽情享受信息共享的便捷，并形成判断是非的能力，从源头上阻断思想"出轨"。

高校作为社会科技创新的主要力量，在新媒体开发和应用方面应当走在社会的前列，因此要加大校园网络基础设施的投入，为高校师生运用新媒体提供有利条件。马丽慧提出了四个具体的做法：一是创建校园微信公众平台，该平台设校园资讯、学生咨询、教学管理三大板块，囊括校园的学习与生活，每天推送符合主流文化意识的信息。二是开设主题官方微博，学生遇到问题可在微博平台向校方提出，校方也可在该平台进行反馈，这样有助于加强师生间的互动，树立良好校园风气，培养文明讨论氛围。三是创办手机电子报，针对大学生关注的校园动态、时事热点，通过电子报快速传递给他们，主动占领校园文化宣传的阵地。四是创建数字移动图书馆。图书馆是校园精神文化资源的主要来源，创建数字图书馆能使大学生更加随时随地快速阅读查询资料。

第二节　提高大学生自我教育能力

一、提高大学生自我教育能力的主要途径

在社会主义市场经济条件下，传统的思想政治教育方式已经无法满足大学生的需要。要适应社会的发展，提高大学生的素质，唯有启发、引导和帮助大学生能动地开展自我教育，充分发挥他们的主体性。

（一）增强大学生自我教育意识

自我教育是受教育者充分发挥其主动性进行思想内化和行为调控而达到提高自身素质的一种活动过程，最终还是要通过学生的内因起作用，所以自我教育的前提是受教育者具有主动性。如果在思想政治教育过程中大学生不具备自我教育意识，或自我教育意识不充分，就会在实际工作中陷入被动。因此在日常的教育工作中，我们要注重大学生自我教育意识的培养，通过各种途径让大学生了解社会进步、时代发展、人生态度，激发大学生自我教育的内在动力。

1. 引导大学生正确认识自我，激发自我教育的意识

由于自我是认识的主体，又是认识的客体，所以自我认识的难点在于正确认识自我、改造自我。只有从内心接纳自己、鼓励自己，并乐于或善于自己战胜自己，全面而确切地了解自己，才能给自己一个准确的定位。

第一，培养自我认识能力，形成自我教育的信念。大学生的一个明显特点是自我意识随着社会地位的变化而迅速增强，他们更多地把眼光投向自身，探索、认识、评价自己。这为我们引导大学生培养自我认识能力提供了有利的条件和基础。但是要真正使他们能够清楚地意识和把握自己，掌握评价的标准，形成比较系统的社会道德的自我评价能力，首先要健全班级集体。这是提高其自我认识能力，形成自我信念的重要条件。大学生认识和评价自己品质的能力，是在集体中从他认识别人的品质开始的，是在认识别人的过程中学会以别人为"镜子"与别人进行比较后逐步认识自己的。

第二，树立远大理想，激发自我教育的内在因素。自我认识能力是自我修养的起点。大学生要具有坚持不懈地进行自我教育的能力，仅仅有自我认识能力和自我教育的信念是不够的，还必须培养他们自我激励的能力，使自我教育获得巨大的内在动力。自我激励能力的大小强弱，取决于个人理想是否远大，以及对这一理想是否有深厚的感情基础，是否有信心去实现它。绝大多数大学生有自己的理想，有强烈的社会责任感，有愿意为祖国、为人民、为人类而奋斗的崇高精神，不少大学生人愿意献身共产主义事业。他们渴望成才，渴望在事业上有所建树，这就是说大学生具有一定的自我激励能力，能够鼓舞自己在人生道路上向前迈进。这就要求大学生坚持自我学习，坚持政治理论的学习，树立正确的世界观、人生观、价值观、道德观，把个人的前途发展与祖国的发展联系起来，培养高度的社会责任感和历史使命感，用唯物、辩证的观点去思考社会、人生和自我，学会自我观察、分析、控制、训练和自我评价，从而不断提高自我教育能力。

第三，提倡大学参与性教学活动。大学参与性教学是一种旨在通过学生的主体参与，以达到发展学生主体性的一种教学观。它是21世纪以来我国兴起的一种教学理念。是现代社会对大学学习提出的新要求，也是大学生适应现代教育应具备的学习要求。现代社会强调个体的自主自立精神，现代教育应适应于现代社会的要求高扬人的主体性，强调学生主动参与教学过程。它有助于个体主体性、自立精神等自我教育能力的形成。与中小学教育不同，大学教学已不大关注一般知识的积累与记忆能力之训练，它更多关注的是学生的创新精神和实践能力、科学底蕴及人文精神。大学教学充满了对未知世界的探索与发现。教学过程中若没有教学主体的积极参与、发挥能动性，是不能适应现代社会的要求的。参与性教学提倡个体及群体的互动状态，强调大学生自主自立精神和实践能力的形成。它不仅有助于大学生发展积极的思维能力，而且有助于大学生形成创新精神与实践能力。有助于增强大学生自我效能感，树立自信心。

2. 要树立"以生为本"的教育理念

高等学校在教育过程中要坚持以学生为本，这种新的教育观旨在促进学生的能力发展。教育过程中的各种活动都应以此为目的。

第一，要尊重学生的主体性。自我教育作为教育活动的重要形式之一，是以个体主体性的充分发展为前提的。个体主体性是自我教育能力的重要体现。只有当主体性充分得到发挥时，学习活动才能顺利进行。只有当学生的主体性得到充分发展时，其自我教育能力才能作为教育目的之一得到实现。只有尊重、肯定学生的主体性，其自我教育能力才能得到相应的发展。

第二，发展学生的反思能力。自我教育不仅表现为自主性和自我反馈等，也需要通过反思活动，更好地了解自我和外部环境，更好地把握自我和所处环境。自我反思能力的形成需要大学生在已有知识经验的基础上，对自己和自己的学习、交往等活动进行不断总结、反思，以了解自己在学习过程中有何变化，看到自己取得的成绩，不断教育自己和提高自信心。大学生的反思能力一方面可以通过课堂教学培养，培养其对社会环境、所学知识的能力评价能力；另一方面大学生可以通过制订学生的自我发展计划，进行自我评估，在思考中内化教师的教育与教导。

第三，重视学生自我调节能力的培养。当今社会不断发展，日新月异，人类的科学知识正以前所未有的速度剧增。据统计，19世纪每50年知识增加一倍，20世纪中叶是每10年增加一倍，现在是3—5年增加一倍。教育的重心已从学生掌握知识发展到培养学生能力、发展学生自主性上来。自我调节的学习能力是学生自我教育的能力之一。知识的急剧增长使学生在学校学习的知识量已远远不能适应变化的社会要求。他们必须具有不断学习、自我调节的能力，能根据面临的环境及时地调整、学习新知识，才能适应社会要求。发展学生的自我调节能力，一方面教师要在教育过程中积极地进行学习策略的指导，指导学生根据不同情境调整学习过程，并在此基础上不断地产生新的学习目标。学生的自我计划、自我管理和自我鼓励等对他们自我调节能力的形成具有重要的作用。现代社会需要独立思考、学会适应新情况，适应环境学会变化的人。学生只有具备自我调节能力，才能成为具有现代社会品质的人。

（二）搭建大学生自我教育的实践平台

1. 高校学生会

高校学生会是高校党委领导下的学生群众团体，这个组织建立在学生中，在提高大学生自我教育能力方面有着自己的组织优势。学生会机构设置齐全，几乎包括大学生学习、生活的各个方面，可以为大学生提供多方面的服务和帮助。学生会根植学生当中，对学生的各个方面情况深知"底细"，了如指掌，这样就能做到自我教育有的放矢，自我服务准确到位，自我管理及时有效。学生会安排活动多，能满足不同年级层次学生的要求，激发大学生的参与集体活动的意识，使他们在活动中不断发展自己的兴趣和爱好，提高个人的综合素质。

学生会是党联系广大学生的桥梁和纽带，可以准确地把党对广大学生的希望和要求，把党的方针、政策传播到学生当中，使其得到学生的理解并变成自觉的行动，占领思想政治教育的制高点。能引导学生认真按照党的教育方针组织和开展多种适应学生特点的有益活动，寓教育于活动中，促进学生德智体全面发展；能及时向党组织反映学生的思想动态，协助学校党团组织更好地开展学生工作。

高校可以利用学生会所属的宣传站、广播站、板报及各种刊物，宣传国家大政方针，用正确的舆论引导大学生，使大学生树立远大的理想和政治观念，增强责任感和使命感，为大学生自我教育提供强大的精神动力。利用报告会、座谈会，请党政领导、专家、学者、企业家和英雄人物来学校做报告或者座谈，既能使大学生受到积极教育，又能使大学生听到自己关心的话题。通过这些报告和座谈能够促使大学生加深对国情、社情、民情的了解，增强对祖国的热爱之情，促使大学生树立正确人生观，认清历史责任，激发主动成才的动力。

2. 学生社团

学生社团是学生"自我管理、自我教育、自我服务"的群体性团体，是广大学生增长知识、培养能力、展现个人才华的重要园地。其目的是把同学们组织起来，有领导、有计划、有成效地开展第二课堂活动，以扩大学生的知识面，丰富课外生活，培养广泛的爱好与兴趣，锻炼组织管理能力，为同学们全面素质的培养和成才创造良好条件。同时，学生社团是丰富和活跃校园文化的主力军。从数量、参与人数看，学生社团处在蓬勃发展的时期。在一些高校学生社团已经发展成为学校开展文化科技、思想政治教育等活动的主要载体。

学生社团以其独有的方式在拓展学生综合素质、培养创新精神与实践能力等方面发挥着重要作用。主要表现在：

第一，社团建设提升了学生思想道德水平。学生社团虽然是学生自发组织起来的组织，但是学生社团活动仍然是在高校的主导与控制下进行的，这就使得思想政治教育工作者能够将社团活动作为思想政治教育工作的载体加以应用，使社团活动为加强与改进大学生思想政治教育服务。高校思想政治教育工作者将思想政治教育融入社团建设、社团活动中，潜移默化地对其成员开展主流价值观教育，影响其成员的思想。社团成员在活动中不仅发展了兴趣，更重要的是通过社团活动，从不同的角度了解社会、认识社会，从而激发了对祖国的热爱之情，树立了为国家富强、民族昌盛而奋斗的责任感和使命感，达到了自我教育的目的。

第二，社团活动有利于学生知识结构的不断完善。社团活动涉及政治、经济、文化、体育等多个领域，充分体现了高校大学生广泛的兴趣爱好和充分的想象力。学生加入某一个社团，可以在平时的第一课堂学习之外，接触到许多非本专业之外的知识，从而对自身知识结构的完善起到重要作用。

第三，社团活动为学生实践能力的提高提供了良好的环境。当前学生社团组织的重要特点是除具有一定的理论、专业知识背景外，更重要的是突出实践特色、强化动手实践能力的培养。学生加入某一类专业技能型社团，在发展自身爱好、获得专业知识的同时，不断使自己某一方面的动手实践能力得到锻炼，在不断向社会和他人展示的同时，获得较强的自我认同感，增强自信心，从而为培养健康的人格打下了基础。总之，学生可以通过丰富的社团活动拓宽知识面，完善知识结构，提高实践能力，提升综合素质，这些都在很大限度上推动了学生自我教育能力的提高。

3. 社会实践活动

"大学生的成长过程，是一个不断认识社会，适应社会、并通过自我创造为社会做贡献而被社会认同、接受的过程，要引导大学生积极地参加社会实践和社交活动，要让他们在实践中检验'现实中我'与'理想中我'的差距，并激发主体意识，自觉地进行自我反省、自我调节、自我控制、自我完善，不断地修正'现实中我'。"社会实践活动在提高大学生自我教育能力方面有着重要的作用。

第一，社会实践有利于大学生在接触社会中更好地认清我国改革开放的大好形势及其发展方向。大学生积极投身社会实践，去接触社会，体验生活，与各阶层的人进行对话、交流、沟通，关注时局形势的发展动态，能够把握推动社会发展的内在动力，明确自己的奋斗目标和努力方向，将自己融入人民群众中，体察民情，关心民生，感受社会变迁沧桑，用自己的知识和智慧来为人民服务，充分地展现自己的才华。组织大学生进行社会实践，把他们置身于改革第一线，让他们亲身经受改革大潮的洗礼，能够使大学生提高对改革的认识，调整自己在改革开放中的位置。

第二，社会实践有利于大学生探讨人生价值，树立正确的人生观。社会实践有利于大学生在实践中针对自己的思想实际，根据社会需要，从共产主义理想或者集体主义角度，在全面建设小康社会的各种平凡岗位中，从无数的默默无闻地为现代化建设做出重大贡献的无名英雄身上探讨人生的价值，找到自己人生价值的真谛，从而树立起正确的人生观。

第三，社会实践有利于学生增强自我意识，树立正确的人才观。全面建设小康社会的目标迫切要求高等院校培养创新型的建设人才。无论是树立正确的人才观，还是培养四化建设的人才，都离不开社会主义现代化建设的社会实践。只有通过社会实践才能使大学生正确了解社会主义现代化建设对各行各业以及各部门各单位骨干人才的具体要求，了解培养具有中国特色的社会主义现代化建设人才的具体要求，并在实践中得到检验。

4. 发挥榜样示范作用，提高大学生自我教育的主动性

榜样示范教育是通过提供大量有价值的先进事迹号召学生学习，仿效其思想、行为和精神，以此来感召学生、教育学生，学生以受教育者的身份接受的教育。榜样教育还可以让学生以教育者的身份来进行，这样效果也许将更加理想。自我教育作为实现自我发展目标而进行的自我培养活动，既是自我意识发展到一定水平的产物，又是推进自我意识发展的力量。

通过评选表彰，树立道德模范，用他们的先进事迹感召大学生，有利于把社会主义道德观念传播到大学生中间，有利于大学生树立正确的价值导向。榜样的力量是无穷的，高校可以利用正反两方面的事例，教育广大学生正确地区分真善美和假恶丑，在道德评价中逐步提高自我的道德水准，完善自己的人格。如让高年级的学生担任低年级学生的班主任，一方面，低年级学生以高年级学生为榜样，高年级学生能够示范和激励低年级学生，促进低年级学生的自我教育。另一方面，从高年级学生的角度来看，他必须以教育者的身份去对待别人，所以会更加注重自身素养，从而增强了自我教育的能动性。榜样教育具有感染力，警示教育则有震慑力。警示教育是运用已经处理过的反面典型为教材对学生进行教育的一种方式，开展警示教育能够让学生吸取教训，引以为戒。正面学习有榜样，反面教育有镜子，坚持榜样教育与警示教育相结合，充分发挥正反两方面典型的激励和警示作用，将很好地提高大学生自我教育的主动性。

二、提高大学生自我教育能力的外部支持

（一）外在教育的支持

辩证法认为，外因是变化的条件，内因是变化的依据，外因通过内因起作用。所以，事物的运动、变化和发展主要是事物的内部矛盾引发的，

当然，外部矛盾也是不可缺少的条件。因此，大学生自我教育能力的提高，不仅需要对大学生自我教育的内部支持，还需要外在教育因素和力量的支持，包括学校教育、家庭教育、社会教育等方面。这些外在因素通过潜移默化的渗透力量影响大学生的自我教育过程，它通过非强制性手段，感化大学生，对大学生的自我教育具有引导、感染、促进和保障等作用，是大学生自我教育有效展开的不可缺少的机制。

1. 家庭教育

家庭是构成社会的最基本的单位，也是人的第一个自然教育的场所。家庭对孩子的教育是"生命的教育"。家庭教育的优势，在于它是一种以情感为基础的教育，这种教育经常处于关爱、和谐的气氛中；它是一种与家庭生活紧密联系的教育，随时都可进行，随时可以变化，经常表现出生动活泼的局面；它是一种长幼之间的教育，尊敬长老，爱护幼小是它的经常表现，示范、模仿是它的特点。家庭教育是一种与生俱来的示范教育，它有目的，但目的是不清晰的。在教育过程中，家长应当加强自身修养，不断提高自身的思想道德和文化素质，强化目的意识，处处以身示范，并多去了解孩子，与他们进行必要的情感交流与心理沟通，为孩子的健康成长构建民主和谐、热爱期待、求知进取的交流沟通的良好家庭氛围，促使孩子健康成长。同时，要增强孩子的自我意识，培养孩子自立、自主、自强的精神，使他们在家庭环境中做有心人，抓住机会，自觉规范自己的行为，提高认识，增长知识和才干。

2. 学校教育

"学校教育是一种有计划、有组织、有系统培养人的社会活动，通过对个体传递社会生产和生活经验，促进个体身心发展和掌握从事社会实践活动的技能，使个体社会化。"学校教育是个人一生中所受教育的最重要部分，个人在学校里接受计划性的指导，系统地学习文化知识、社会规范、道德准则和价值观念。学校教育从某种意义上讲，决定着个人社会化的水平和性质，是个体社会化的重要基地。当然，学校教育在提高大学生自我教育能力上具有举足轻重的作用。在教育过程中，首先，要转变传统教育观念。过去的教育一般只重视教育者对受教育者的影响。国家对教育计划大纲的制定、教材编写，以及对学校教育、教学和管理的具体实施，都侧重于研究教师的主动传授，对学生的主动接受重视不够，缺乏让学生自我教育的意识，教育质量难以提高。学校必须把教育的对象变成自己教育自己的主体，受教育者必须成为教育他自己的人，别人的教育必须转化为这个人自己的教育。其次，学校要创设良好的物质环境与文化环境。物质环境包括学习条件、设施、设备和生活条件；文化环境即要求学校拥有特别的自我教育文化氛围，包括教育理念、价值观念、科研能力和学术水平等。学校教育是在创设适合学生发展的条件、环境和氛围，而不是在选择适合教育的学生。学校要实现教书育人、管理育人、服务育人，追求浓厚的教育氛围，善于开展丰富多彩的校园文化，在良好的教育环境、教育氛围中陶冶学生的道德情操并使之得到美的享受。学校还可以通过一些具体活动部分地教给学生实施方法，使学生在参与中展开自我教育，使其自我教育能力得到提高。

3. 社会教育

社会教育包括社会政治因素、社会思潮和社会风尚、大众传媒等对人的影响。根据马克思主义的观点，思想政治教育作为一种意识形态，它是由经济基础决定的，是社会关系的产物。道德教育和人们的道德观念都根植于一定的社会关系，归根到底根植于一定的经济关系，并随着社会关系、社会经济制度的变化而变化。我国正处在改革攻坚阶段和发展的关键时期，计划经济向市场经济转轨，社会经济结构、产业结构和社会运行机制正在发生根本变化。与此相联系，国家的政治制度的现状及其变革调整的幅度、力度以及由此体现出来的一系列的政策和措施，不仅改变着人们的物质生活方式，而且在一定程度上影响着青少年的思想品德。打开国门，走向世界，加速了物质消费观念和精神文化的交流，加之大众传媒在社会生活的各个角落渗透，不管是积极的还是消极的都会对青少年产生深刻的影响。由此可见，在社会教育中，我们都应树立以青少年为本、师生相互信赖、民主平等的教育观念，创造健康、向上的自我教育氛围，尊重每一个青少年，用爱的情感和爱的行动、爱的艺术，培养和调动起每一个青少年参与自我教育的意识，使青少年真正投入自我教育活动中，从而成为自己的主人。现代社会由于科学技术的迅猛发展，社会知识总量的激增，劳动就业结构的突出变化，使知识更新的速度不断加快，社会要求青少年扩大社会交往，充分发展其兴趣、爱好和个性，广泛培养其特殊才能，因此，社会教育对提高大学生自我教育能力来说，具有极其重要的意义。在大众传媒中建设高质量的教育专栏，把思想政治教育渗透到各种节目中，满足大学生自我教育的内在需求；举办各种形式的适应社会发展需要的培训机构，开放各类图书馆、博物馆、文化宫（馆）、爱国主义教育基地，大力加强社区文化和教育中心以及其他各类非营利性教育机构设施。面向青少年的社会教育机构包括青年宫、少年宫、青少年活动中心、青少年素质教育基地、少年科技站、科技馆等，这些机构担负着培养下一代科技素养和文化素养的职责，不仅应当免费，而且应尽可能多地向中小学、少年儿童包括父母开放，使之真正成为实施素质教育的社会基地。

（二）管理工作的支持

从传统的大学生教育管理方式来看，尤其是大学生道德教育，往往强调道理对人的影响，甚至以理压人，以制度压人。一些教育者利用自身权力对学生个体进行想教育工作具有随意性，受教育者变成了完全被动与理应服从的承受者。这样的教育方式往往会引起大学生的逆反心理和不信任感，很难达到大学生教育管理的有效性。因此，必须创新大学生管理方法。

1. 要积极为大学生提供适当的自我教育的空间

大学生生活丰富多彩，而且有着积极向上的心情和参与活动的热情。作为教育者，要对大学生的主动参与性给予积极的引导，并创设一定的活动空间和活动途径。教育者可以充分利用大学生中的正式群体和非正式式群体，让大学生自主地管理班级，自主地开展活动。并且尽可能地发挥党团组织、学生会、社团、社会实践小分队等组织的作用，给大学生以展示才华、锻炼自我的机会。同时，大学校园里丰富多彩的校园文化活动、各种竞赛活动，也会积极推动大学生自我教育能力的培养与提高。

2. 要营造民主、宽松、积极向上的氛围

学校民主建设的本质是把广大教师、学生真正看作学校的主人和学习的主体。高校要提倡民主，营造民主气氛，让学生感到自己是学校主人，从而激发其稳定持久的自觉性和主动性，树立良好的学风、班风。这样一来，学生在学习中、在日常管理中就会以主人翁的姿态自觉投入其中。自我教育的对象不仅仅是学生个体，也包括集体的自我教育，这两者是密切相关的。一方面，一个健康向上的集体可以激发广大学生自我教育、自我管理的自觉性，树立"校荣我荣，班荣我荣"的思想，自觉地把自己的利益与集体的利益联系在一起；另一方面，个体自我教育能力的提高，又在潜移默化地影响着群体中的其他个体，促使整个群体自我教育水平的提高。因此，在大学生群体中营造民主、宽松、积极向上的氛围，必将更大地发挥群体的自我教育作用，有利于大学生自我教育能力的培养。

3. 完善大学生自我教育的保障制度

任何实践活动都需要一定的制度作为保障，制度保障与一般的个人承诺相比，更具有稳定性、权威性。大学生自我教育特别需要一系列的制度作为保障，以改变当前自我教育的随意性。为了保障大学生自我教育稳定而持续地进行，学校应当根据大学生思想意识发展已达到相当高的程度的特点，在以往制度的基础上，进一步完善。

第一，建立大学生参与学校管理工作的制度。自我教育的主体是大学生，高校要充分调动他们的积极性引导他们进行自我教育，促使他们参与到学校的管理中。如现在很多高校将本科生安排到学生处、图书馆、资料室实习、锻炼，使他们更好地了解学校对他们自身发展所提供的有利条件，并能够充分利用有利的条件实现自我发展。

第二，建立学生在学习中的自主选择、自主学习制度。高校要给大学生一定的自我教育空间和时间，确保他们除了接受教育者的理论灌输之外，还能自觉地根据自己的实际情况进行自我完善和提高，如规定大学生每周都必须有共同学习、讨论的时间，规定大学生每学期对自己进行一个全面的评价，并写成书面材料，以利于以后更好地改正不足。

第三，完善大学生自我实践的制度。高校应鼓励大学生参加各种实践活动，如支教活动，寒暑假的实习锻炼、义务献血，植树等活动，要对他们这种自觉的自我发展给予一定的奖励，并与评奖学金、入党相结合，提高他们主动进行自我教育的积极性，更好地促进自我教育目标的实现。

4. 建立大学生自我教育评价的科学体系

大学生自我教育的科学评价体系主要指高校对本校各院系大学生自我教育的实际情况，根据一定的评价标准，通过科学的方法和正确的途径，多方面搜集适当的事实性材料，定期进行督促、检查和评价的过程。自我教育效果到底如何，需要对自我教育过程的各个环节及时地做出信息反馈，这样才能为自我教育的科学化提供依据。在思想政治工作中，建立大学生自我教育评价体系是加强和改进高校自我教育工作的重要保证，是高校加强自我教育和学校管理的重要手段，其目的是通过自我教育评价体系不断提高大学生自我教育的水平和效果。通过科学的评价体系，高校可以全面了解和衡量大学生自我教育的效率、发展水平，通过及时的信息反馈，分析存在的不足，进行调整，激发和改进大学生自我教育工作的主动性、积极性，进一步完善自我教育。

建立大学生科学的评价体系的具体措施包括以下几点：第一，遵循客观性原则，大学生自我教育效果的量化有一定的难度，在评价过程中会带有一定的主观因素，所以高校要坚持调查研究、实事求是地对大学生进行考查，切忌从个人的好恶出发，做出武断的评估。遵循客观性原则就要根据大学生的实际情况以及所受环境的影响，做具体的分析，同时要将专家评价、家庭评价、教育者的评价、学生自身以及其他群众的评价结合起来，为大学发展的实际效果评价提供更多的事实依据。第二，遵循全面性原则，把自我教育作为一个有机体来看待，从多个层面进行检验，不能单从一个层面进行评判。既要看大学生外在的实践动手能力，也要看其自身的思想品质，要将思想、情感、学习、品德等多方面结合起来。第三，把教育者素质以及高校领导部门工作效率纳入评价体系中。要将教育者开展自我教育的态度和工作实效纳入整个工作评价体系，与评比先进、晋级、升职等挂钩。第四，将学生自我教育的能力和水平纳入学生素质评价体系，与评优、推优入党、就业推荐等挂钩，确保自我教育工作的评价由软变硬、由无形变有形，从而形成领导重视、责任到人、专兼结合、奖惩有据的自我教育运行机制。

（三）校园文化的支持

校园文化指的是学校所具有特定的精神环境和文化气氛，它包括校园建筑设计、校园景观、绿化美化这种物化形态的内容，也包括学校的传统、校风、学风、人际关系、集体舆论、精神氛围以及学校的各种规章制度和学校成员在共同活动中形成的非明文规范的行为准则。校园文化是提高学生自我教育能力、提高综合素质的有效载体。大学生在一定的校园文化中会自觉不自觉地接受、内化并整合其主导的价值观念和思维方式，思想发生潜移默化的变化。这种变化具有非强制、非逻辑的特点。大学生通过自觉有效的自我教育，养成良好道德品质、文明行为和学习风尚，离不开丰富多彩的高品位、多层次的校园文化活动，离不开良好的校园自然环境和人文环境。要创设有利的"道德场"，关键要加强校风和校园文化建设。高校要从人才培养的高度加强校园文化建设，重视高校内部潜在的、非课程形式的教育活动，精心设计、着力构建一种适合大学生成长发展的、充满新意的校园文化环境和学术氛围，形成大学生自我教育的良好环境和氛围，通过对大学生的心理感染促使大学生自我教育行为的发生。

1. 加强"硬"文化建设

校园物质文化是校园文化的硬件，是一种外在的、最直观的表现形式，如校园建筑布局，校舍内部的陈设布置，校园的绿化、美化等。大学生是校园环境建设的主体，他们既是校园环境的创造者，又是校园环境的享受者。美好的校园环境对大学生具有潜移默化的教育影响，能够引起大学生思想、审美观念的变化。因此，高校首先要从创建健康优美的校园环境出发，发挥校园文化的熏陶功能，加强大学生的自我教育。美的环境是一部立体的、多彩的、富有吸引力的教科书。在进行校园外表形象具体设计和布局的时候，高校要遵循高品位原则，设计新颖、制作精细、布局合理、格调高雅、寓意深刻，使校园成为充满意义的生活世界。校园建筑和校园景观是校园物质文化的主要组成部分。在设计时要多从实用角度出发，以满足学生生活需要为宗旨。教学楼的设计则要在实用的基础之上，更加讲究舒适并体现出一定的艺术特色。教师实验室、图书馆、阅览室的建筑还要从卫生角度设计，在朝向、采光、照明等方面按照要求规范设计。从总体上看，现代校园建筑越来越重视审美，越来越强调艺术特色。在校园的物质环境建设中，校园景观建设也不容忽视，高校要做好绿化美化工作，使校园的山、水、园、林、路等达到使用功能、审美功能和教育功能的和谐统一，用优美的校园景观激发大学生的爱校热情，陶冶大学生关爱自然、关爱社会、关爱他人的美好情操。学校要在公共场所布置具有丰富内涵的雕塑、书画等文化作品，营造高尚健康的人文景观氛围。学校要组织大学生广泛参与校园楼宇、道路、景点的规划、建设、命名以及管理工作，增强大学生对校园文化环境的认同感。

2. 加强"软"文化建设

校园精神文化是校园文化的软件，具体包括教风、学风、校风、制度、文化氛围、文化活动等。首先，加强舆论文化的渲染，发挥校园文化的导向功能。学生的从众心理使他们的思想行为容易受到集体舆论的制约和同化。因此，高校要重视舆论文化的建设，真正做到"以正确的舆论引导人"。首先，要加强思想政治学习，注重养成教育。其次，应充分发挥黑板报、广播站、校报和宣传橱窗的主阵地作用。再次，要加强"爱校"教育，培养母校意识，激发强烈的荣誉感、自豪感，从而产生凝聚力，形成学校精神。此外，还要确定共同的奋斗目标。最后，要利用多媒体、网络、电视，宣传优秀教师和优秀学生，树立榜样。营造奋发向上的校风，发挥校园文化的教育功能，抓好领导作风建设，要求高校领导以身作则，树立"团结协作、勤廉高效"的工作作风，坚持实事求是、讲求实效、科学管理，以人格育人，为促进良好校风的建设奠定基础。高校应从教职员工入手，开展师德教育活动。规范教师风纪，使他们在工作中做到严于律己，为人师表。教师以自己良好的师德表率给学生树立榜样，以深厚的思想情感、庄重大方的仪表、和蔼可亲的仪容和彬彬有礼的语言给学生做示范，让学生在学校学习和生活中不断地受到教育。高校要优化和谐的人际关系，发挥校园文化的凝聚功能。校园人际关系包括师生关系、学生关系、教师关系三部分。高校应塑造"三种角色"："领导+长者+朋友"型的领导角色，"师长+父母+朋友"型的教师角色，互助互爱、情同手足的同学角色。高校应开展丰富的文化活动，发挥校园文化的激励功能。"在实践中锻炼，在体验中发展"是学生发展的根本理念。高校应积极开辟阵地，创设舞台。如各种体育比赛、文艺汇演、美术书法作品展、影视欣赏、社会服务、勤工俭学、军训、文娱晚会等，兼顾教育与情趣、知识与娱乐、活动与安闲，使全校师生在参与中充分发挥主观能动性，寓教于乐，陶冶情操，锤炼品格。高校应建立规范有序的管理机制，发挥校园文化的控制功能。"不以规矩，不能成方圆。"制度是校园文化建设初级阶段的产物，是为了达到无意境界保障学校教育的有章、有序和有效而采取的一种有意识手段。学校规章制度应达到几下几点：一是全，事事有章可循；二是细，内容具体明确，操作性强；三是严，纪律严明，赏罚分明。这样一来学校就会形成自我激励、自我约束、自我管理的制度文化环境。

自我教育作为一种教育现象是随着人类的进步、社会的发展以及人的主体意识增强而发挥其独特作用的。我国教育界对自我教育重要性问题的认识也比较早，现在我们已经充分认识到，如果单纯把教育局限于课堂教学范围内，忽视学生的自我教育能力的培养，单纯注重对大学生的统一要求，忽略大学生自我教育的水平差别，已经不能满足他们的需要，难以收到预期的教育效果。尊重大学生的自身特点和要求，突出大学生主体性地位，使他们成为学习的主人，使他们学会自己教育自己，已经成为高校的迫切任务。自我教育是一项系统工程，需要大学生自身努力，也需要学校教育、社会教育、家庭教育的外在支持。

第三节　搭建思政育人信息化平台

一、整合相关资源，提升网站影响力

对高校思想政治教育资源的利用情况，直接决定着高校思想政治教育的实际效果。同样，高校网络思想政治教育的水平和效果也取决于高校思

想政治教育资源的丰富程度以及对其的开发和整合利用效率。因此，主题网站只有不断与其他优秀网站进行资源与信息的交换，才能有效地把网站的成本投入转变为产出，才能满足网站生存发展的需要，也才能实现主题网站长期开展网络教育的目标。

（一）吸收校内资源

就目前来看，校内资源仍然是高校思想政治教育主题网站的主要信息来源。如何"近水楼台先得月"，充分利用好本校资源，是网站信息内容设置是否精当的关键。具体来说，网站管理者可以从以下几方面入手，吸收校内的优秀教育资源。

首先，对校内资源进行立项开发。教育资源建设的主管部门要根据学校教育资源的具体情况，确定每年度应开发的资源名称、类型和所需经费数量，形成资源开发立项指南，并组织相关学科骨干教师进行立项。经过资源建设专家组的审核、评定后，学校应将经费划拨给项目开发者进行研发。在资源开发完成后，专家组要对项目进行评审验收。除了中期验收外，专家组还要在项目开发过程中对项目开发的阶段性成果进行中期考核，追踪项目进展情况并提出建设性的意见和建议，指导相关人员如期、顺利地完成项目。例如，高校可以对校园的宿舍文化资源进行较为深层的发掘。作为学生学校生活的主要场所，宿舍集中展现了当代大学生课余生活的真实面貌，高校教育者可以从中获得当代大学生心智发展状况的第一手资料。因此，在聚集学校的网络硬件资源后，高校可以建立由学院负责的公寓网络工作室，并安排专职辅导员以及优秀学生轮流值班，通过网上、网下相结合的方式解决学生的实际问题，积极推进学生思想政治工作进网络、进宿舍。

其次，成立资源采集与整合的部门。尽管网站的栏目分属于学校各个行政部门，且分工明确，但也不可避免地会出现这样的情况，即一些教育信息涉及多个部门的工作范畴。当遇到这种情况时，若没有一个整体网络信息的协调部门，势必会存在网络信息重复或空缺的现状。因此，网站应设立一个专门对网络信息进行处理与更新的部门，该部门不仅要负责对各级各类行政部门提交的教育信息进行整理与归类，还要将已处理的教育信息在网站上集中更新。这样才可以保证网站上的内容与内容之间逻辑结构清晰，层次分明。

最后，重视对教材和精品课程的二次开发。由于受客观条件的限制，一些学生可能会为错失某一自己喜欢的课程而感到惋惜。同样，一些老师也可能因为不能通过多种途径使教学内容向深度和广度延伸而表示遗憾。有鉴于此，网络教育工作者可以充分利用主题网站这一交流平台，对传统教学进行补充和完善，使学生和教师在网络空间达到学习上的"双赢"。一方面，学校可以调查和统计学生心目中的优秀课程，并抽调专人对这些课程进行实时录像。优秀课堂教学视频一旦放在网上，势必会激发学生的学习兴趣，满足学生的好学愿望。另一方面，教师可以在网络课堂的学习中根据需要创设一定的情景，使学生突破传统教育模式的限制，充分思考，大胆质疑，提出自己的独到见解。当然，教师也可以在网络教学中设置考察测评环节，促进学生对课堂学习进行及时和自觉的反思。

（二）加强对校外资源的整合

经过几年的摸索实践，大部分高校都已经形成了网络思想政治教育体系。但是，面对浩瀚的校外教育资源，高校网络思想政治教育者却常常束手无策，不能以开阔的视野以及敏锐的洞察力抓住机遇，加强对碎片化的校外资源的收集与整合。根据高校思想政治教育的特性，主题网站的校外教育资源主要分为校际教育资源和社会教育资源两大类。

校际教育资源的开发，主要是指各学校在图书馆信息、网络课堂、电子教材等方面的交流与合作。不同学校受学科发展优势和客观条件限制等方面的影响，其在网络思想政治教育的资金配置以及侧重点上都有所不同。因此，高校之间可以形成网络教育联盟，加强合作，使各高校特色教育资源最大限度地达到共享与利用。高校之间除了在内容上可以进行教育资源合作外，还可以在教育主体上有所丰富。如高校可以在主题网站这一网络教育平台上开设校外导师资源注册窗口，任何地方、任何学校、任何热爱教育事业的人士，都可以在窗口中注册，成为辅导某些领域的导师，以此吸纳更多其他院校或单位的教育资源为本校共享。当然，高校在进行校际教育资源开发时，首先必须克服技术上的障碍。尽管教育部教育信息化技术标准已经出台，但还是有许多未涉及领域（如资源库分类、发展规模等）。各高校主题网站很可能因为资源库建设标准的不统一而不能实现网络教育资源的兼容。技术建设上的差异，很可能使校际资源共享成为一句空谈。

主题网站的社会教育资源主要包括社会主流媒体和教育机构两类。学生面对国内外错综复杂的重大事件时，很可能因为缺乏正确的辨别力和较高的政治素养而在思想认识上存在偏差，甚至做出过激的行为。面对这种情况，教育者应该对他们进行及时教育和引导。社会主流媒体的舆论导向作用，可以为高校网络思想政治教育营造强大的舆论氛围，在无形中影响学生的价值观，并逐渐强化或改变学生的政治思想和社会道德规范，从而达到思想政治教育的目的。社会教育机构不仅可以为大学生提供资格考试、公务员考试等多种量化考试的学习资料以及学习经验，更可以成为高校网络思想政治教育模式的成功典范，为主题网站的教育传播提供先进的教育方法和技术手段。不管是哪种教育资源，主题网站在对它们进行利用与开发时，必须以恰当的方式进行。就目前而言，社会教育资源主要通过网站链接和信息摘抄两种形式。前者能为读者提供直接有效的网站地址，使读者可以根据自己的需要在相关网站上自由获得信息；后者是网络教育者根据自己的价值取向，对社会上有价值的新闻以及评论进行二次加工，使读者能够在主题网站的摘抄新闻中快速、方便地获取信息。因此，根据网站建设需要和信息内容的特点，合理选择表现形式，可以很好地实现社会教育资源在主题网站中的利用与开发。

（三）逐步实现网络资源对社会的开放

要提升网站的影响力，不仅要加强对校内及校外教育资源的开发与利用，更要将主题网站建设成为一个网络信息平台，使教育信息达到最大限度的流通。通过近几年的建设，大多数高校已基本具备网站资源共享的硬件条件。目前，在自媒体平台兴起后，我国多所高校都开始搭建并经营自己的自媒体平台，这样一方面可以为学校师生及时推送最新消息，另一方面可以向社会人士展示学校的发展状况，突出学校优势，以吸引更多的社会资源。

因此，以校园硬件系统为保证，网站在现有已开放的信息（如学校机构设置、网站的实时资讯、学生成绩查询等）基础上，还可以向在校师生有偿以及以限量的方式发放校园外网电子资源登录许可账号，使学生在使用校外账户登录学校主题网时，也可以享受学校远程教育资源带来的实惠，这有助于提高网站的社会影响力。当然，主题网站资源在对社会逐步开放的过程中，应采取一些措施来缓解校外账号大量访问可能造成的网站拥堵、页面打开缓慢等问题。

二、加强主题网站队伍建设，提高网络互动的实效性

（一）加强对师生网络技术素养的培训

高校主题网站的学生专栏若要充分实现师生间的互动，就要加强对老师与学生的网络技术素养的培训。从网络使用水平角度看，学校应从以下几个方面加强对师生的教育。

1. 培养崇高的信息道德

网络信息良莠不齐，鱼龙混杂，一些淫秽、迷信、反动和虚假的内容潜藏其中。尤其是在互动论坛上，这些信息不易被网络管理者发觉，可能以讹传讹，在学生中造成较大的负面影响，给高校思想政治教育工作的开展增加难度。因此，网络教育工作者应提高自身的网络信息素养，敏锐地发现并及时地删除不良信息，并对有意或无意传播这些信息的学生进行教育。同时，网络教育者应及时在网站的互动栏目中通过科学数据、专家讲解等权威的方式解释相关信息的真相，减少信息因传递途径过长而导致失真的可能性，避免不明就里的学生产生误解。当然，学生在面对错综复杂的网络信息时，也要凡事多思考，学会以怀疑批判的态度加以对待，自觉提高信息辨别能力。

2. 掌握一定的信息技术与网络语言

目前，我国高校从事网络思想政治教育工作的人员大多没有经过系统的计算机教育和网络培训，缺少一定的网络技术和信息素养，大学生所崇拜的科学文化素质和人格魅力也就很难在网络教育者身上得以体现。如果网络教育者对网站内容没有进行很好的管理，也就无法达到对大学生进行网络教育和管理的目的。而在英、美、日等发达国家，师资信息化培训被看作教师素养提高的一项重要课题。如美国早已将教师信息化写入美国教育行动计划的重要条款中，早在 1998 年就投入 510 亿美元加以建设。2021 年初，美国政府公布了 2021 年财政预算申请，教育投入总额高达 6.2 万亿美元。我国高校应借鉴一些国家高校师资队伍建设的成功经验，积极投入资金，以讲座、书籍、电子宣传等多种方式对教育者进行定期的信息化培训，使网络教育者掌握较为先进的网络传播技术以及最新的网络沟通语言。

3. 建立较为稳定的网络教育师资队伍

笔者从相关调查中发现，目前我国高校较少对网络教师队伍进行系统的研究与规划。除了没有引起学校的高度重视外，网络教育者的构成也是影响网络教育师资队伍稳定发展的重要因素。大多数高校网站的工作人员以兼职教师和学生为主。由于受学生理论功底水平以及教师身兼数职等因素的影响，高校都去对网络思想政治教育理论加以深入研究。因此，高校应根据本校实际情况制定网络教师队伍人员引进与培养的方案，为建立较为稳定的网络教育师资队伍提供人力保障。

（二）提倡网络工作和沟通方式

要形成网络良性互动，不仅需要师生具备一定的网络信息素养，还要将网络沟通纳入常态。所谓网络沟通，就是指在网络环境中，信息（情感、观点、事件等）在传受双方之间的流通和传递。在高校的日常教学和管理工作中，部门与部门之间、老师与学生之间能否进行有效的沟通直接关系到着学校各项工作能否正常有序地开展。传统的沟通主要借助于纸质文档、传统课堂教学、面对面谈话等途径，这样的沟通方式不仅易受时间和地点的限制，还浪费成本。近年来，随着校园网络建设进程的不断加快，许多高校都已拥有了自己的校园网，为学校的网上管理与通信提供了硬件支持。高校主题网站的管理者可以充分利用校园网的硬件优势，开设局域网的沟通系统，这样不仅可以与负责网站内容的各部门随时保持联系，及时更新网站信息，还可以与学生展开一对一、一对多、多对一的交流。总的说来，网上沟通主要包括以下两种方式。

1. 运用网上即时通信的沟通方式

IM"即时通迅"是英文 Instant Messaging 的缩写，是一种可以让使用者在网络上建立某种私人聊天室的实时通信服务，是一种即时的在线信息沟通方式。目前中国网民的即时通信使用率已经达到81.4%，且在18-24岁的年轻人中，有96.3%的网民都使用即时通信。这其中，以腾讯旗下产品 QQ 为代表。作为最为普及、利用率最高的即时通信手段之一，QQ 不仅可以提供一对一的网上私密聊天的场所，还可以给用户提供在 QQ 群中获取群体交流的经验、共同分享网络信息的机会。因此，高校向网络工作人员推广这种即时通信方式，既可方便部门间的即时沟通，又可提高工作效率，有助于部门齐心协力，共同为学生进行网络服务。

2. 运用微信的沟通方式

随着大学生拥有手机数量和比例的不断增加，通过微信进行交流已风靡于大学校园。作为中国移动的综合通信服务，微信可以提供完全实时的语音服务、准实时的文字和小数据量通信服务、非实时的通信服务，从而为师生在互联网和移动网间的无缝通信搭建了桥梁。网站管理者可以在校园网站中搭建高校微信动态平台，为学生提供公共信息、学校各管理行政部门的职能信息以及各院系信息等。其中的公共信息即是校级各机关的信息，如上级指示、各部门的决定等。职能信息则包括学生本学期的课表、各类考试日程安排、成绩查询等。而各院系信息包括学院会议通知、党员大会通知等。这样，学生就能及时接受相关信息。信息传播的通畅，能使学生充分体会到其主体地位，为网上的平等互动打下了良好的群众基础。

三、加强网站推广，建立特色教育模式

（一）加大对网站的宣传力度

实践证明，"酒香不怕巷子深"的时代已经一去不复返。好的网站链接在互联网上，并不意味着它的点击率就高、影响力就大。现代广告学认为，懂得并且善于进行自我推销，是产品被顾客接受的关键。主题网站虽然不追求经济效益，但也必须遵循这一市场化模式进行运作。针对主题网站建设的特殊性，我们可以从以下几方面加强对校园网站的宣传力度。

第一，将网站注册到重要的搜索引擎。搜索引擎之所以能成为高校思想政治教育网站在线推广的最重要的方式，其主要原因在于它的网络导航系统是上网用户获取他们不熟悉的网站或网络信息的最常用也最方便的工具。访问者若能通过搜索引擎进入主题网站查看所要查询的消息，将提高网站访问量的提高提供了机会。第二，实现网络信息的交换。利用网页内空闲位置为其他思想政治类网站建立图片或字符链接，并得到对方的同等交换，可以达到双方共享访客、共同提高网站访问量的目的。第三，利用传统媒体加以宣传。校园网站可以主动出击，根据建设需要，面向社会以及本校学生，适时地发放不同的宣传资料或赠品（如信封、办公用品等），使他们在阅读资料或使用物品的同时，自觉或不自觉地被网站的内容所吸引，加深对网站的认识与了解。第四，举办吸引大学生的活动。高校思想政治教育工作网站可以面向大学生开展一系列的活动（如知识竞赛、讲座等），这样有助于提高网站在大学生中的影响力。

（二）美化网站的整体形象

主题网站作为高校网络思想政治教育信息的重要存储基地，不仅要承载丰富的思想政治教育资源，还要通过美观的页面设计、精巧的布局吸引受众的眼球，以促进网站教育事业的良性运作。

一方面，网页的色彩要总体协调且局部对比。人们在打开网页的第一时间，首先映入眼帘的就是网页的色彩。如果呈现给读者的是充满活力且和谐统一的版面，就会使读者"一见钟情"。正如英国著名心理学家格力

高认为的那样："颜色知觉对于我们人类具有极其重要的意义——它是视觉审美的核心，深刻地影响着我们的情绪状态。"一般来说，为遵循页面风格的整体统一性，色彩最好选用一个色系，如淡蓝、淡绿、淡黄，或土黄、土灰、土蓝等，给人以和谐的美感。当然，有时为强调某一最热或最新信息的重要性，也可以在网页的某一个小范围的地方进行强烈的色彩对比，通过视觉反差，冲击受众的眼球，从而引起他们的高度关注。

另一方面，栏目名称要响亮且易记。栏目名称是否响亮，直接决定着大学生是否愿意在该栏目中停留，是否浏览相关资讯，而名称是否易记，也影响着大学生再次访问该栏目的可能性。就目前而言，尽管主题网站的内容设置大同小异，但是大多数网站的栏目名称都能体现出本校的特色。

（三）形成特色教育模式

高校思想政治教育主题网站的建设与发展，是对传统教学观念的冲击，其结果必然会引发教学模式的更新。学校在主题网站平台下对学生开展网络思想政治教育时，应根据本校的实际情况，本着以学生为本的教育思想和互动式教学为主的教育原则，积极开发多种形式的特色教育模式，以提高教学的针对性和实用性。

首先，利用校园BBS开展思想政治教育。BBS作为大学生思想交流、信息沟通的重要场所，能够及时有效地反映当前大学生的心理动态和行为习惯。由此，高校思想政治教育者必须加强对校园BBS的监管与引导，积极发挥其正面思想政治教育功能。第一，加强BBS实名制监管。网络论坛若在匿名状态时，很可能由于注册不受限制、无法追究散布不良信息主体的责任而使网络言论失控，给学校乃至社会带来负面影响。因此，加强BBS实名制监管，有利于净化校园文化，减少校外低级趣味、虚假和反动信息的侵入，同时也会减少网络管理者的工作压力，使他们有更多的时间和精力投入网站的整体建设中。第二，合理设置论坛议题。要使高校BBS充分发挥其教育功能，其关键在于所设置的论坛议题是否具有吸引力和可讨论性。网络管理者要以贴近现实，贴近学生学习、生活为前提，精心挑选国内外以及本校的热点作为论坛的主题。第三，鼓励学生加入论坛的讨论。一些需要在论坛中寻求帮助的学生，在面对跟帖人的不同回答时，常常因为答案的说服力较差，选择过多而束手无策，难做决断，最后只得匆匆浏览网页，"不带走一片浮云地飘走"。长此以往，论坛在学生心目中的地位就会下降。因此，网络管理者可以根据论坛发帖情况，主动出击，找寻并培养一批政治素质过硬、思想成熟且亲和力较强的"带头人"，利用他们的学习、生活经验回答并解决其他同学内心的困惑，从而在论坛中形成一个互动性较强的有问必有答的模式。

其次，利用博客开展思想政治教育。博客的英文名为 Blog，是由"web"和"log"组合而成的，原意为"网络日志"，即在网络上发布和阅读的流水记录。随着网络技术的进步，博客作为互联网上的新生事物，已经成为人们，尤其是青年大学生日常学习、工作和生活的重要载体。同样，博客时代的到来，必然对高校思想政治教育提出了新的要求和挑战。网络教育者可以借助主题网站这一平台，开设高校优秀教师博客，可以以此实现教师间个体教育资源共享以及师生间一对多的个性化网络教育。如上海交通大学主动开发的"思政博客"系统，就是旨在为思政教师和学生交流而建立的博客网站，它的开通与发展成为博客形式下网络思想政治教育的成功典范。除此之外，教师博客的开设在充分展现教师教学魅力的同时，也可以使教师对自我教育进行较为自觉的反思。当然，同一般类博客一样，要实现教师博客长期、可持续的发展，也要依托一个稳定而庞大的博客群体。只有得到广大"粉丝"的积极拥护，教师才会有不断更新博客信息的动力。所不仅学校要在主题网站上进行集中且大力的宣传，教师也要在日常教学中以自己的人格魅力打动学生，积极影响学生的言行举止。同时，学校要引进外部力量，通过对教师博客在人气指数、内容更新速度、教育信息时效性等方面的综合评比，引导教师树立竞争意识，并将博客建设的评比结果纳入对教师的常态考核中，激励教师不断创新教学手段，更新教学内容。

最后，利用网络在线聊天室开展思想政治教育。除了固定的校园 BBS和博客的教育方式外，高校还可以根据具体情况开设临时在线聊天室。根据学生学习与生活的需要，高校可以邀请一些学校优秀教师以及社会上的知名人士加入在线聊天的队伍，就学生感兴趣的话题展开讨论。如高校可以邀请本校思想政治教育教师或专家对党的最新会议精神进行较为详尽的在线解读，通过在线问答就学生关心的话题进行讨论。灵活的教育方式和轻松的教育氛围，有助于提高学生对国家政策学习的积极性。

第四节　加强各方力量的监督与管理

近几年来，我国网络化进程正在以惊人的速度前行。网络时代的到来，引起了人们生活方式、思想方式、社会行为的显著变化，特别是对高校思想政治教育和当代大学生的健康成长产生了很大的影响。网络的扩展和延伸以及它作为校园综合信息中心地位的形成，使得网络效应的正负面影响都非常突出。一方面，网络是大学生获取知识和信息的重要渠道，是他们表达感情、交流思想的一种途径，在大学生生活中发挥着越来越重要的作用；另外一方面，网络上充斥着各种垃圾信息，对当代大学生的健康、全面发展提出了挑战。网络是一把双刃剑，有专家指出，网络的发展促进了人类文明成果的交流和世界文化的创新。这些新兴的文化成果丰富了高校思想政治教育的内容，开拓了高校思想政治教育的文化事业，形成了新的教育环境。但是，网络也带来了新的文化冲突和社会矛盾。比如，国内外的敌对势力将互联网作为分化我国的新手段，大量制造和传播不良信息，致使一部分大学生失去辨别和驾驭能力，形成网络依赖，长期沉迷于虚拟世界之中，忽略现实的道德规范，理想和价值观淡漠，社会责任感缺失。因此，高校必须创新网络思想教育的管理机制。

一、规范上网场所管理

根据有关调查显示，我国网民有 9.89 亿人。按职业分，学生占 21%；按年龄分，40 岁以下的网民超过 50%。大学生是国家的希望、民族的未来。在信息技术迅猛发展、社会信息化程度不断提高、世界范围内不同思想文化相互激荡的条件下，引导大学生积极学习和吸收人类文明的优秀成果，鉴别、抵御各种落后思想的侵袭，促使他们成为社会主义先进文化的继承者、发扬者，这不仅仅是教育问题，也应该得到国家关注。

（一）加强法规建设

尽管目前我国已经对此高度重视，加快了制定相关法律的步伐，比如已经先后制订《中华人民共和国计算机网络信息管理暂行办法》《中国多媒体通信管理办法》《互联网电子公告服务管理规定》《互联网站从事登载新闻业务管理暂行规定》等，但总的来说目前制定的相关法律、法规、办法还不够全面。针对网络权利如何确认，如何判定链接侵权，侵权证据如何搜集等问题还没有一个比较妥善的处理办法，在这些方面都应该尽快立法。

（二）加强网络线上管理

智能手机的兴起进一步削弱了时空对网民的限制。只需一部智能手机，人们就可以很简单地进入互联网，浏览网络上传播的信息。根据CNNIC 发布的第 47 次《中国互联网网络发展状况统计报告》，截至 2020年 12 月，我国手机网民规模达 9.86 亿，手机上网比例持续提升。截至 2020年 12 月，我国网络视频用户规模达 9.27 亿，其中短视频用户规模为 8.73 亿。2020 年，面对突如其来的新冠肺炎疫情，互联网显示出强大的力量，对打赢疫情防控阻击战起到了关键作用。但是由于管理制度管理不能完善，网上的黄色信息、灰色信息、黑色信息等严重污染了未成年人的心灵。虽然国务院曾发布《互联网经营场所管理办法》，严禁互联网上网服务营业场所经营者和上网用户利用互联网上网服务营业场所制作、复制、查阅、发布、传播散布谣言，扰乱社会秩序，破坏社会稳定，散布淫秽、色情、赌博、暴力、凶杀、恐怖或者教唆犯罪的有害信息。但是具体的防护工作，仍需要长期坚持。

（三）建立规范的校内上网场所

各高校应当结合本校具体情况，利用自身硬件条件优势，积极建立校内上网场所，制定相关规章制度，如《大学生上网规定》《校园网络文明公约》等，对大学生上网时间、场所、活动内容等加强管理。宣传网络法制，增强管理实效，通过技术手段，对反动、黄色及封建迷信等内容进行查堵；建立一套完整的网络监管体系，引导大学生自觉遵守网络行为规范，控制自身的网络行为，在高校形成一种健康的、是非明确的网络环境。

二、加强网络资源管理，采取技术手段筛选和管理

（一）加强校园网络的 IP 路由信息和访问范围的控制管理

因为校园网络主要采用 TCP/IP 网络协议，高校可以通过在路由器上加入指令，控制用户访问某些外部网络，也可以建立防火墙对信息进行过滤与筛选。防火墙是指在一个可信网络（校园内部网）与一个不可信网络（外部网）间建立的，起保护作用的一整套软、硬件装置，高校应在可信网络和不可信网络之间的界面上构造一个保护层，并强制所有的访问或连接都必须经过这一保护层，在此进行检查和连接。利用防火墙可以保证非法的、不健康的 IP 地址不被任意连接，还能建立跟踪工具，帮助总结并记录有关试图或正在进行的连接，只有被授权的通信才能通过防火墙进入校园网，这样既保护了校园内部网资源免遭非法入侵，也防止了外部不良信息进入校园网络。防火墙能强化安全策略并且能有效记录互联网上的活动，可以作为一个有效的选择外部信息的检查站。

（二）要对校园网络的内容严格把关

从网络类型方面可以把校园网划分为教学子网、办公子网、宿舍子网等，网络管理人员应对校园网络布线结构、网络系统结构和参数配置熟悉了解，对每个网管交换机的每个端口都要详细对应配置，如端口对应的是哪一个教室、哪一间办公室、哪一个用户或是级联到哪一级交换机等，并严格做好系统参数备份，一旦出现问题，就能够及时做出反应，一查到底，落实到具体的责任人。

（三）严格网络难点管理

高校要针对网络思想政治教育工作的难点，加强对骨干网、局域网、

校园网的管理，这是做好高校网络思想政治教育工作的重要内容。高校应充分利用现有的网络监控管理技术，建立信息进出校园网的海关，筑起信息防火墙，净化网络空间。要加强对免费主页及链接的审查、落实实名制注册登记，并通过必要的技术、行政、法律手段，阻止各类不良信息进入校园网。要将管理与教育结合起来，自律与他律结合起来，通过各种形式，增强大学生上网的法律意识、责任意识、政治意识、自律意识和安全意识，培养健全人格和高尚情操，树立良好的网络道德，自觉构筑抵制不良冲击的防火墙。

三、立法与制度并举，构建网络系统管理制度体系

（一）加强网络与信息安全立法工作

规范互联网秩序，加强网络立法刻不容缓。我国的网络立法工作已取得初步成绩。《计算机信息网络国际联网安全保护管理办法》是为了安全保护计算机信息网络国际联网而制定的管理办法。1997 年 12 月 11 日，该办法由中华人民共和国国务院批准，1997 年 12 月 16 日由公安部（第 33 号令）发布，于 1997 年 12 月 30 日实施。《中华人民共和国计算机信息系统安全保护条例》是为保护计算机信息系统的安全，促进计算机的应用和发展，保障社会主义现代化建设的顺利进行而制定的行政法规，于 1994 年 2 月 18 日发布，于 2011 年 1 月 8 日《国务院关于废止和修改部分行政法规的决定》修订。在《中华人民共和国刑法》和其他有关法律文本中也有关于打击计算机犯罪、保护信息安全的条款。计算机与网络安全法规的出台与实施，在规范网络行为、保护网络用户利益，特别是在使青少年免受非法和有害信息的侵害等方面起到了积极的作用。只有加强网络立法，建立健全商业网站和网吧管理制度，才能有效地规范商业网站和网吧经营者的商业行为，打击不法行为，才能为大学生的健康成长创造一个良好的社会环境。

（二）建立健全校园网络与信息安全管理制度

高校应当依据国家有关法规，结合自身实际，制定切实可行的校园网

络及信息安全管理制度。其内容应包括：校园网络系统规划及布局、校园网络系统硬件管理制度、校园网络各级管理员职责、校园网络管理队伍建设与培训制度、校园网络信息发布与监控制度、师生网络行为监控与管理制度、师生自主建立门户网站管理与监控制度、网络系统管理与信息安全监控激励机制等。只有建立健全科学、完备的网络系统管理与信息安全监控制度，才能确保校园网络的正常运行，才能更好地为学校各方面工作和广大师生服务。

（三）健全其他特殊管理制度

校园网不同于一般的商业网站，它服务的是在校学生，为了保证正常的校园生活和教学秩序，就要建立和健全一套完善的管理制度，如网络管理制度、检查制度等。适时地约束学生的上网时间，控制学生的上网行为，加强对网络的管理力度。

四、打防并举，构建网络信息安全监控体系

（一）建立健全网络信息安全管理责任机制

信息安全保障工作是一项关系信息化建设和发展全局的长期任务，高校应高度重视信息安全保障工作，切实加强对信息安全保障工作的领导。在推进教育信息化的过程中，高校要始终坚持一手抓教育信息化发展，一手抓教育信息安全保障工作，建立健全信息安全管理体制，明确主管领导，落实责任部门，确定具体人员及职责，做到各司其职，各负其责，常抓不懈。建立健全网络信息安全管理监控机制。高校各有关部门应加强配合，健全完善协调机制，及时沟通情况，有针对性地打击网上违法犯罪活动，清除有害信息，形成齐抓共管的整体合力。高校应建立健全有关部门协调配合的工作机制、网上监控和举报受理工作机制、各负其责的监管机制和群众广泛参与的监督机制，从源头上消除淫秽色情等有害网络信息传播的基础，清理淫秽色情网站的生存空间。

（二）建立网络信息安全的物质保障机制

高校应保证网络设施安全运行和维护的基本投入，特别是要重点支持

信息安全的基础性工作所需基本设备的配备，增加对信息安全保障体系关键技术、设备的资金投入，在年度经费预算中将其列入网络信息安全专项经费。

（三）建立起相应的网络监控机制

高校应对网络信息进行筛选分析，及时了解学生的思想动态，及时过滤错误的、非法的信息及病毒的传播，避免消极影响的产生。

（四）坚持技术监控和人员监控并重机制

在这一机制建设中，要从两个方面入手。一是制定监控标准，明确监控的对象或范围，这是实施监控的前提条件。二是实行技术监控与人员监控相结合。高校网络思想政治教育应加大对监控技术的应用力度，大力开发适应高校网络思想政治教育需要的监控软件。在搞好技术监控的同时，加强人员监控。只有这样，二者才能互为补充、相得益彰。搞好人员监控，首先要有网络思想政治教育的专职监控员，定岗定责，实行责任制和责任追究制；其次要在思想政治教育网站或主页上设置监督窗口，接受广大网民的监督。

（五）加大对网络违法犯罪活动的打击力度

在净化网络环境方面，高校应积极配合公安机关等执法部门开展工作，加强对学生的思想政治教育和行为管理。对参与网络违法活动的学生应给予严肃批评教育，对构成犯罪者，应移交公安机关依法处理。公安机关应及时掌握利用互联网从事淫秽色情、赌博诈骗等违法犯罪活动的线索，依法从重从快打击利用淫秽色情网站进行违法犯罪活动的行为。

参考文献

[1] 熊生枝. 论马克思主义中国化的传统文化基础 [J]. 山西青年, 2018 (2).

[2] 徐奉臻, 孙鸿鹤. 习近平运用马克思主义的方法论思考 [J]. 求是学刊, 2018 (1).

[3] 王清涛. 马克思主义的真理性之于中国历史性的意义 [J]. 云梦学刊, 2018 (1).

[4] 郑祥福. 新时代中国特色社会主义思想对发展马克思主义的伟大意义 [J]. 浙江师范大学学报 (社会科学版), 2018 (1).

[5] 曹萍, 张学昌. 依规治党的内在逻辑与实现路径 [J]. 四川大学学报 (哲学社会科学版), 2018 (1).

[6] 蔡永生. 论当代中国鲜活的马克思主义的核心要义: 习近平新时代中国特色社会主义思想研究 [J]. 南京师大学报 (社会科学版), 2018 (1).

[7] 王南湜, 黄亚明. 激荡于人类理想与现实运动之间的社会主义 [J]. 南京师大学报 (社会科学版), 2018 (1).

[8] 鲁先锋. 我国政策议程设置的理论溯源及模式变迁: 基于马克思主义视角 [J]. 湖湘论坛, 2018 (1).

[9] 柏平. 在初心指引下开创新的世界 [J]. 考试周刊, 2017 (98).

[10] 袁贵仁. 把握大势着眼大事努力做好新形势下高校宣传思想工作 [J]. 中国高等教育, 2015 (Z1): 9-11.

[11] 刘曙光. 中国特色哲学社会科学: 何谓与何为? [J]. 北京大学学报 (哲学社会科学版), 2016 (4): 5-16.

[12] 中共中央办公厅, 国务院办公厅. 关于实施中华优秀传统文化传承 发展工程的意见 [N]. 人民日报, 2017-01-26 (6).

[13] 骆郁廷. 论高校党组织思想政治工作的主体责任 [J]. 思想理论教 育, 2017 (3): 4-9.

[14] 王学俭, 杨昌华. 立德树人: 中国特色社会主义高校的立身之本 [J]. 新疆师范大学学报 (汉文哲学社会科学版), 2018 (1).

[15] 张奕. 新媒体在强化高校思想政治教育工作中的功能和实现路径 [J]. 环球市场信息导报, 2017 (46).

[16] 杨朝丽. 用心用情勇于担当落细落小落实抓好大学生思想政治工作 [J]. 环球市场信息导报, 2017 (45).

[17] 程艳萍. 高职院校学生骨干培养途径探析 [J]. 环球市场信息导报, 2017 (41).

[18] 雷重熹. "三体共推" 激发思政工作活力 [J]. 共产党员 (河北), 2017 (24).

[19] 刘营军, 贾水库. 当代大学生信仰问题调查研究 [J]. 国家教育行政 学院学报, 2015 (7).

[20] 徐巧月. 以人为本: 马克思主义哲学教育创新的价值取向 [J]. 林区 教学, 2018 (1).

[21] 郭根凯, 顾志峰, 朱欣航, 达展云. 马克思主义理论思维和医学教 育 [J]. 考试周刊, 2017 (91).

[22] 张元邦. 利用马克思主义哲学观点提高学生地理解题能力 [J]. 教育 现代化, 2017 (42).

[23] 解晓双. 当代大学生入党积极分子马克思主义信仰现状及培养策略 [J]. 开封教育学院学报, 2017 (9).

[24] 郑洁. 以"四度"提升高校思政课的亲和力 [J]. 中国德育, 2017 (22).

[25] 高建宁. 培厚立德树人的沃土 [J]. 群众, 2017 (21).

[26] 崔莉芳. 关于加强和改进新形势下高校思想政治工作的几点认识 [J]. 教育现代化, 2017 (21).

[27] 迪丽娜尔·阿不力孜. 新疆少数民族大学生思政教育路径探析 [J]. 决策探索, 2017 (20).

[28] 熊四皓. 准确把握三个辩证关系发挥校训育人功能 [J]. 奋斗, 2017 (19).

[29] 魏文刚. 马克思主义信仰融入大学生思想政治教育全过程研究 [J]. 佳木斯职业学院学报, 2017 (11).

[30] 阚宗兰. 当前部分大学生马克思主义信仰缺失的表现、原因与对策 [J]. 社科纵横, 2017 (11).

[31] 尹红. 朱聪明. 新时期高校大学生马克思主义信仰缺失原因探究 [J]. 世纪桥, 2017 (7).

[32] 郭良婧. 把握群众路线之价值维度：习近平在党的群众路线教育实践活动工作会议上重要讲话精神 [J]. 学术论坛, 2014 (6)：5-8.

[33] 习近平. 在党的群众路线教育实践活动总结大会上的讲话 [N]. 人民日报, 2014-10-09 (2).

[34] 王琳欢. 马克思留给人类的"主义"究竟是什么：谈共产主义之于乌托邦的超越性 [J]. 丽水学院学报, 2018 (1).

[35] 王结发. 论马克思主义对制度建设的指导意义 [J]. 湖南行政学院学报, 2018 (1).

[36] 张志刚, 李权镐. 从《马克思进文庙》探析中共执政理念中的儒家元素 [J]. 枣庄学院学报, 2018 (1).

[37] 李颖.《巴黎手稿》的文化观及其现实意义 [J]. 河北青年管理干部学院学报, 2018 (1).

[38] 汪越. 用马克思主义指导当代中国茶文化发展 [J]. 福建茶叶, 2018 (1).

[39] 木巴拉·阿合买提江. 如何以发展的观点理解和把握马克思主义基本原理 [J]. 考试周刊, 2017 (54).

[40] 刘营军, 贾水库. 当代大学生信仰问题调查研究 [J]. 国家教育行政学院学报, 2015 (7).

[41] 徐巧月. 以人为本: 马克思主义哲学教育创新的价值取向 [J]. 林区教学, 2018 (1).

[42] 郭根凯, 顾志峰, 朱欣航, 达展云. 马克思主义理论思维和医学教育 [J]. 考试周刊, 2017 (91).

[43] 张元邦. 利用马克思主义哲学观点提高学生地理解题能力 [J]. 教育现代化, 2017 (42).

[44] 杨勇. 高校政治理论课实践教学创新体系研究 [J]. 教育现代化, 2017 (51).

[45] 宋丹, 黄向阳. 马克思主义理论教学要坚持録讲全、讲透、讲实 [J]. 教育教学论坛, 2017 (40).

[46] 周琳. 论高校教师加强马克思主义理论学习的重要性 [J]. 教育教学论坛, 2017 (36).

[47] 杨勇. 高校政治理论课教师说服力提升路径思考 [J]. 课程教育研究, 2017 (36).

[48] 鲁源安. 探索高校思想政治教育创新之路 [J]. 当代贵州, 2017 (33).

[49] 王支敏, 唐野. 浅谈我国高校马克思主义理论教学创新的重要性 [J]. 长江丛刊, 2017 (32).

[50] 张霞, 邓淑华. 论高校马克思主义信仰教育的四个维度 [J]. 毛泽东思想研究, 2015 (4).

[51] 王开莉. 论马克思主义信仰何以引领高校社会思潮 [J]. 毛泽东思想研究, 2016 (9).

[52] 林雪原. 挑战与机遇: 马克思主义信仰教育的当代境遇 [J]. 山西师大学报 (社会科学版), 2015 (2).

[53] 刘蕴莲. 论新形势下加强大学生社会主义核心价值观教育 [J]. 思想

理论教育导刊, 2014 (5).

[54] 眭国荣, 丁晖. 构建"四位一体"的大学生社会适应能力培养新体系 [J]. 江苏高教, 2015 (1).

[55] 赵振华. 杨武成, 李宝玺. 大学生社会适应能力教育研究 [J]. 教育与职业, 2015 (2).

[56] 陈海娜, 刘志文, 刘大军. 职业院校"大思政"育人体系: 价值、模型与路径探索 [J]. 职教论坛, 2021, 37 (04).

[57] 郭健. 全面推进课程思政建设 构建思政育人大格局 [J]. 教育家, 2021 (13).

[58] 周媛. 社会主义核心价值观视域下高校思政育人多元化探析 [J]. 长春师范大学学报, 2021, 40 (03).

[59] 李阔. 新时代构建思政育人新路径研究 [J]. 黑龙江教师发展学院学报, 2021, 40 (03).

[60] 张臣文. 教师教育课程思政育人路径研究 [J]. 湖北文理学院学报, 2021, 42 (03).

[61] 金蓓蕾. 基于精准资助的高校思政育人模式研究 [J]. 齐齐哈尔大学学报 (哲学社会科学版), 2021 (02).

[62] 温玲子, 许新国. 高职院校"互联网+思政育人"的机遇、挑战与对策 [J]. 教育与职业, 2021 (04).

[63] 孟新宇. 基于新媒体的高校学生思政教育发展探索 [J]. 文化创新比较研究, 2021, 5 (04).

[64] 李馨雨. 思政育人新路径研究 [J]. 佳木斯职业学院学报, 2021, 37 (02).

[65] 王洁松. 关于进一步加强课程思政育人功能的思考 [J]. 思想理论教育导刊, 2020 (11).

[66] 陈房深, 焦艳. 提升高校"云端"思政课教学实效的路径探析 [J]. 桂林师范高等专科学校学报, 2020, 34 (06).

[67] 郝海洪. 论高校共青团协同推进课程思政育人 [J]. 内蒙古农业大学学报 (社会科学版) 2020, 22 (04).

[68] 周晶. 无锡职业技术学院"七六五四三二一"思政育人体系 [J]. 职业技术教育, 2020, 41 (23).

[69] 孔斌. 思想政治教育生活化与高校育人共同体的建设 [J]. 文教资料, 2020 (16).

[70] 胡业生. 高校思政育人场域选择与管理策略研究 [J]. 赤峰学院学报 (汉文哲学社会科学版), 2020, 41 (05).

[71] 陈清芬. "3圈3全3育"思政育人体系的构建与实践探索: 以闽江师范高等专科学校为例 [J]. 宁波职业技术学院学报, 2020, 24 (02).

[72] 段妍. 新时代构建思政课育人新格局的重要着力点 [J]. 思想政治教育研究, 2020, 36 (02).

[73] 刘恒美. 构建全员全过程全方位一体化思政育人大格局研究 [J]. 教育现代化, 2020, 7 (27).

[74] 李延超. 微信平台提升高校网络思想政治教育工作实效性的研究 [J]. 智库时代, 2020 (07).

[75] 崔苏妍. 浅议高校思政育人工作有效途径的构建 [J]. 党史博采 (下), 2019 (12).

[76] 毕菲菲. 校园新媒体环境下高校思想政治教育的创新探索 [J]. 中国石油大学胜利学院学报, 2019, 33 (04).

[77] 曾光顺. "四位一体"思政育人模式的构建黑河学院学报 [J]. 2019, 10 (11).

[78] 祁凤华, 郭杰彬, 常永青. 新时代高校思想政治教育"一主两辅、三风育人"模式构建研究 [J]. 黑河学刊, 2019 (06).

[79] 庞东贺, 李嘉俐, 黄陆军. 基于完善高校思政育人体系构建下的"第二课堂成绩单"平台决策支持 [J]. 科学技术创新, 2019 (26).

[80] 张亚楠. 马克思主义中国化融入高校思政育人实践探讨 [J]. 今日财富, 2019 (17).

[81] 左海青, 赵红军, 朱玉茹. "一核心、二融合、三平台、四结合"思政育人实践与探索 [J]. 中国冶金教育, 2019 (04).

［82］李宝研. 大数据时代大学生网络思想政治教育创新研究［J］. 黑河学院学报，2019，10（07）

［83］刘晓丽. "互联网+"时代背景下高校网络思政育人创新途径的探索［J］. 现代职业教育，2019（16）.

［84］《中共中央办公厅 国务院办公厅〈关于深化新时代学校思想政治理论课改革创新的若干意见〉的通知》（2019年8月14日）.

［85］《新时代高等学校思想政治理论课教师队伍建设规定（中华人民共和国教育部令第46号）》（2020年1月7日）.

［86］中共教育部党组关于印发"新时代高校思想政治理论课创优行动"工作方案的通知（教党函〔2019〕90号）.

［87］教育部关于印发《普通高等学校思想政治理论课教师队伍培养规划（2019—2023年）》的通知（教社科函〔2019〕10号）.

［88］教育部关于印发《新时代高校思想政治理论课教学工作基本要求》的通知（教社科〔2018〕2号）.

［89］中共中央 国务院关于全面深化新时代教师队伍建设改革的意见（2018年1月20日）.

［90］中共教育部党组关于印发《高校思想政治工作质量提升工程实施纲要》的通知（教党〔2017〕62号）.

［91］教育部关于印发《普通高等学校马克思主义学院建设标准（2019年本）》的通知（教社科函〔2019〕9号）.

高等学校课程思政建设指导纲要

为深入贯彻落实习近平总书记关于教育的重要论述和全国教育大会精神，贯彻落实中共中央办公厅、国务院办公厅《关于深化新时代学校思想政治理论课改革创新的若干意见》，把思想政治教育贯穿人才培养体系，全面推进高校课程思政建设，发挥好每门课程的育人作用，提高高校人才培养质量，特制定本纲要。

一、全面推进课程思政建设是落实立德树人根本任务的战略举措

培养什么人、怎样培养人、为谁培养人是教育的根本问题，立德树人成效是检验高校一切工作的根本标准。落实立德树人根本任务，必须将价值塑造、知识传授和能力培养三者融为一体、不可割裂。全面推进课程思政建设，就是要寓价值观引导于知识传授和能力培养之中，帮助学生塑造正确的世界观、人生观、价值观，这是人才培养的应有之义，更是必备内容。这一战略举措，影响甚至决定着接班人问题，影响甚至决定着国家长治久安，影响甚至决定着民族复兴和国家崛起。要紧紧抓住教师队伍"主力军"、课程建设"主战场"、课堂教学"主渠道"，让所有高校、所有教师、所有课程都承担好育人责任，守好一段渠、种好责任田，使各类课程与思政课程同向同行，将显性教育和隐性教育相统一，形成协同效应，构建全员全程全方位育人大格局。

二、课程思政建设是全面提高人才培养质量的重要任务

高等学校人才培养是育人和育才相统一的过程。建设高水平人才培养体系，必须将思想政治工作体系贯通其中，必须抓好课程思政建设，解决好专业教育和思政教育"两张皮"问题。要牢固确立人才培养的中心地位，围绕构建高水平人才培养体系，不断完善课程思政工作体系、教学体系和内容体系。高校主要负责同志要直接抓人才培养工作，统筹做好各学科专业、各类课程的课程思政建设。要紧紧围绕国家和区域发展需求，结合学校发展定位和人才培养目标，构建全面覆盖、类型丰富、层次递进、相互支撑的课程思政体系。要切实把教育教学作为最基础最根本的工作，深入挖掘各类课程和教学方式中蕴含的思想政治教育资源，让学生通过学习，掌握事物发展规律，通晓天下道理，丰富学识，增长见识，塑造品格，努力成为德智体美劳全面发展的社会主义建设者和接班人。

三、明确课程思政建设目标要求和内容重点

课程思政建设工作要围绕全面提高人才培养能力这个核心点，在全国所有高校、所有学科专业全面推进，促使课程思政的理念形成广泛共识，广大教师开展课程思政建设的意识和能力全面提升，协同推进课程思政建设的体制机制基本健全，高校立德树人成效进一步提高。

课程总政建设内容要紧紧围绕坚定学生理想信念，以爱党、爱国、爱社会主义、爱人民、爱集体为主线，围绕政治认同、家国情怀、文化素养、宪法法治意识、道德修养等重点优化课程思政内容供给，系统进行中国特色社会主义和中国梦教育、社会主义核心价值观教育、法治教育、劳动教育、心理健康教育、中华优秀传统文化教育。

推进习近平新时代中国特色社会主义思想进教材进课堂进头脑。坚持不懈用习近平新时代中国特色社会主义思想铸魂育人，引导学生了解世情国情党情民情，增强对党的创新理论的政治认同、思想认同、情感认同，坚定中国特色社会主义道路自信、理论自信、制度自信、文化自信。

培育和践行社会主义核心价值观。教育引导学生把国家、社会、公民

的价值要求融为一体，提高个人的爱国、敬业、诚信、友善修养，自觉把小我融入大我，不断追求国家的富强、民主、文明、和谐和社会的自由、平等、公正、法治，将社会主义核心价值观内化为精神追求、外化为自觉行动。

加强中华优秀传统文化教育。大力弘扬以爱国主义为核心的民族精神和以改革创新为核心的时代精神，教育引导学生深刻理解中华优秀传统文化中讲仁爱、重民本、守诚信、崇正义、尚和合、求大同的思想精华和时代价值，教育引导学生传承中华文脉，富有中国心、饱含中国情、充满中国味。

深入开展宪法法治教育。教育引导学生学思践悟习近平全面依法治国新理念新思想新战略，牢固树立法治观念，坚定走中国特色社会主义法治道路的理想和信念，深化对法治理念、法治原则、重要法律概念的认知，提高运用法治思维和法治方式维护自身权利、参与社会公共事务、化解矛盾纠纷的意识和能力。

深化职业理想和职业道德教育。教育引导学生深刻理解并自觉实践各行业的职业精神和职业规范，增强职业责任感，培养遵纪守法、爱岗敬业、无私奉献、诚实守信、公道办事、开拓创新的职业品格和行为习惯。

四、科学设计课程思政教学体系

高校要有针对性地修订人才培养方案，切实落实高等职业学校专业教学标准、本科专业类教学质量国家标准和一级学科、专业学位类别（领域）博士硕士学位基本要求，构建科学合理的课程思政教学体系。要坚持学生中心、产出导向、持续改进，不断提升学生的课程学习体验、学习效果，坚决防止"贴标签""两张皮"。

公共基础课程。要重点建设一批提高大学生思想道德修养、人文素质、科学精神、宪法法治意识、国家安全意识和认知能力的课程，注重在潜移默化中坚定学生理想信念、厚植爱国主义情怀、加强品德修养、增长知识见识、培养奋斗精神，提升学生综合素质。打造一批有特色的体育、美育类课程，帮助学生在体育锻炼中享受乐趣、增强体质、健全人格、锤炼意志，在美育教学中提升审美素养、陶冶情操、温润心灵、激发创造创新活力。

专业教育课程。要根据不同学科专业的特色和优势，深入研究不同专业的育人目标，深度挖掘提炼专业知识体系中所蕴含的思想价值和精神内涵，科学合理拓展专业课程的广度、深度和温度，从课程所涉专业、行业、国家、国际、文化、历史等角度，增加课程的知识性、人文性，提升引领性、时代性和开放性。

实践类课程。专业实验实践课程，要注重学思结合、知行统一，增强学生勇于探索的创新精神、善于解决问题的实践能力。创新创业教育课程，要注重让学生"敢闯会创"，在亲身参与中增强创新精神、创造意识和创业能力。社会实践类课程，要注重教育和引导学生弘扬劳动精神，将"读万卷书"与"行万里路"相结合，扎根中国大地了解国情民情，在实践中增长智慧才干，在艰苦奋斗中锤炼意志品质。

五、结合专业特点分类推进课程思政建设

专业课程是课程思政建设的基本载体。要深入梳理专业课教学内容，结合不同课程特点、思维方法和价值理念，深入挖掘课程思政元素，有机融入课程教学，达到润物无声的育人效果。

文学、历史学、哲学类专业课程。要在课程教学中帮助学生掌握马克思主义世界观和方法论，从历史与现实、理论与实践等维度深刻理解习近平新时代中国特色社会主义思想。要结合专业知识教育引导学生深刻理解社会主义核心价值观，自觉弘扬中华优秀传统文化、革命文化、社会主义先进文化。

经济学、管理学、法学类专业课程。要在课程教学中坚持以马克思主义为指导，加快构建中国特色哲学社会科学学科体系、学术体系、话语体系。要帮助学生了解相关专业和行业领域的国家战略、法律法规和相关政策，引导学生深入社会实践、关注现实问题，培育学生经世济民、诚信服务、德法兼修的职业素养。

教育学类专业课程。要在课程教学中注重加强师德师风教育，突出课

堂育德、典型树德、规则立德，引导学生树立学为人师、行为世范的职业理想，培育爱国守法、规范从教的职业操守，培养学生传道情怀、授业底蕴、解惑能力，把对家国的爱、对教育的爱、对学生的爱融为一体，自觉以德立身、以德立学、以德施教，争做有理想信念、有道德情操、有扎实学识、有仁爱之心的"四有"好老师，坚定不移走中国特色社会主义教育发展道路。体育类课程要树立健康第一的教育理念，注重爱国主义教育和传统文化教育，培养学生顽强拼搏、奋斗有我的信念，激发学生提升全民族身体素质的责任感。

理学、工学类专业课程。要在课程教学中把马克思主义立场观点方法的教育与科学精神的培养结合起来，提高学生正确认识问题、分析问题和解决问题的能力。理学类专业课程，要注重科学思维方法的训练和科学伦理的教育，培养学生探索未知、追求真理、勇攀科学高峰的责任感和使命感。工学类专业课程，要注重强化学生工程伦理教育，培养学生精益求精的大国工匠精神，激发学生科技报国的家国情怀和使命担当。

农学类专业课程。要在课程教学中加强生态文明教育，引导学生树立和践行绿水青山就是金山银山的理念。要注重培养学生的"大国三农"情怀，引导学生以强农兴农为己任，"懂农业、爱农村、爱农民"，树立把论文写在祖国大地上的意识和信念，增强学生服务农业农村现代化、服务乡村全面振兴的使命感和责任感，培养知农爱农创新人才。

医学类专业课程。要在课程教学中注重加强医德医风教育，着力培养学生"敬佑生命、救死扶伤、甘于奉献、大爱无疆"的医者精神，注重加强医者仁心教育，在培养精湛医术的同时，教育引导学生始终把人民群众生命安全和身体健康放在首位，尊重患者，善于沟通，提升综合素养和人文修养，提升依法应对重大突发公共卫生事件能力，做党和人民信赖的好医生。

艺术学类专业课程。要在课程教学中教育引导学生立足时代、扎根人民、深入生活，树立正确的艺术观和创作观。要坚持以美育人、以美化人，积极弘扬中华美育精神，引导学生自觉传承和弘扬中华优秀传统文化，全面提高学生的审美和人文素养，增强文化自信。

高等职业学校要结合高职专业分类和课程设置情况，落实好分类推进相关要求。

六、将课程思政融入课堂教学建设全过程

高校课程思政要融入课堂教学建设，作为课程设置、教学大纲核准和教案评价的重要内容，落实到课程目标设计、教学大纲修订、教材编审选用、教案课件编写各方面，贯穿于课堂授课、教学研讨、实验实训、作业论文各环节。要讲好用好课程重点教材，推进教材内容进人才培养方案、进教案课件、进考试。要创新课堂教学模式，推进现代信息技术在课程思政教学中的应用，激发学生学习兴趣，引导学生深入思考。要健全高校课堂教学管理体系，改进课堂教学过程管理，提高课程思政内涵融入课堂教学的水平。要综合运用第一课堂和第二课堂，组织开展"中国政法实务大讲堂""新闻实务大讲堂"等系列讲堂，深入开展"青年红色筑梦之旅""百万师生大实践"等社会实践、志愿服务、实习实训活动，不断拓展课程思政建设方法和途径。

七、提升教师课程思政建设的意识和能力

全面推进课程思政建设，教师是关键。要推动广大教师进一步强化育人意识，找准育人角度，提升育人能力，确保课程思政建设落地落实、见功见效。要加强教师课程思政能力建设，建立健全优质资源共享机制，支持各地各高校搭建课程思政建设交流平台，分区域、分学科专业领域开展经常性的典型经验交流、现场教学观摩、教师教学培训等活动，充分利用现代信息技术手段，促进优质资源在各区域、层次、类型的高校间共享共用。依托高校教师网络培训中心、教师教学发展中心等，深入开展马克思主义政治经济学、马克思主义新闻观、中国特色社会主义法治理论、法律职业伦理、工程伦理、医学人文教育等专题培训。支持高校将课程思政纳入教师岗前培训、在岗培训和师德师风、教学能力专题培训等。充分发挥教研室、教学团队、课程组等基层教学组织作用，建立课程思政集体教研制度。鼓励支持思政课教师与专业课教师合作教学教研，鼓励支持院士、

"长江学者"、"杰青"、国家级教学名师等带头开展课程思政建设。

加强课程思政建设重点、难点、前瞻性问题的研究，在教育部哲学社会科学研究项目中积极支持课程思政类研究选题。充分发挥高校课程思政教学研究中心、思想政治工作创新发展中心、马克思主义学院和相关学科专业教学组织的作用，构建多层次课程思政建设研究体系。

八、建立健全课程思政建设质量评价体系和激励机制

人才培养效果是课程思政建设评价的首要标准。建立健全多维度的课程思政建设成效考核评价体系和监督检查机制，在各类考核评估评价工作和深化高校教育教学改革中落细落实。充分发挥各级各类教学指导委员会、学科评议组、专业学位教育指导委员会、行业职业教育教学指导委员会等专家组织作用，研究制订科学多元的课程思政评价标准。把课程思政建设成效作为"双一流"建设监测与成效评价、学科评估、本科教学评估、一流专业和一流课程建设、专业认证、"双高计划"评价、高校或院系教学绩效考核等的重要内容。把教师参与课程思政建设情况和教学效果作为教师考核评价、岗位聘用、评优奖励、选拔培训的重要内容。在教学成果奖、教材奖等各类成果的表彰奖励工作中，突出课程思政要求，加大对课程思政建设优秀成果的支持力度。

九、加强课程思政建设组织实施和条件保障

课程思政建设是一项系统工程，各地各高校要高度重视，加强顶层设计，全面规划，循序渐进，以点带面，不断提高教学效果。要尊重教育教学规律和人才培养规律，适应不同高校、不同专业、不同课程的特点，强化分类指导，确定统一性和差异性要求。要充分发挥教师的主体作用，切实提高每一位教师参与课程思政建设的积极性和主动性。

加强组织领导。教育部成立课程思政建设工作协调小组，统筹研究重大政策，指导地方、高校开展工作；组建高校课程思政建设专家咨询委员会，提供专家咨询意见。各地教育部门和高校要切实加强对课程思政建设的领导，结合实际研究制定各地、各校课程思政建设工作方案，健全工作

机制，强化督查检查。各高校要建立党委统一领导、党政齐抓共管、教务部门牵头抓总、相关部门联动、院系落实推进、自身特色鲜明的课程思政建设工作格局。

加强支持保障。各地教育部门要加强政策协调配套，统筹地方财政高等教育资金和中央支持地方高校改革发展资金，支持高校推进课程思政建设。中央部门所属高校要统筹利用中央高校教育教学改革专项等中央高校预算拨款和其他各类资源，结合学校实际，支持课程思政建设工作。地方高校要根据自身建设计划，统筹各类资源，加大对课程思政建设的投入力度。

加强示范引领。面向不同层次高校、不同学科专业、不同类型课程，持续深入抓典型、树标杆、推经验，形成规模、形成范式、形成体系。教育部选树一批课程思政建设先行校、一批课程思政教学名师和团队，推出一批课程思政示范课程、建设一批课程思政教学研究示范中心，设立一批课程思政建设研究项目，推动建设国家、省级、高校多层次示范体系，大力推广课程思政建设先进经验和做法，全面形成广泛开展课程思政建设的良好氛围，全面提高人才培养质量。